MISSION Léonard de Vinci

LE DOCU DONT TU ES LE HÉROS

Dans la même collection

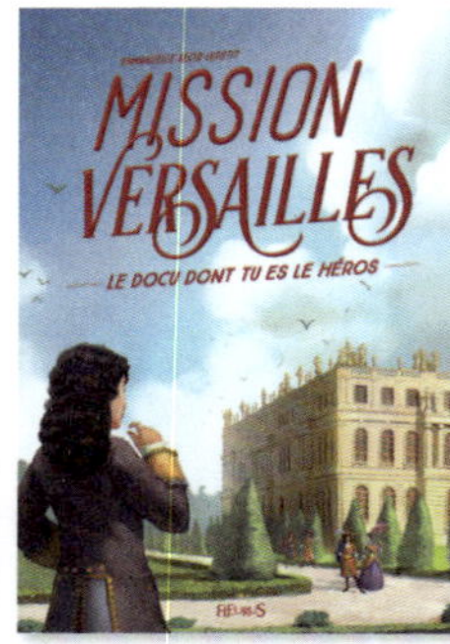

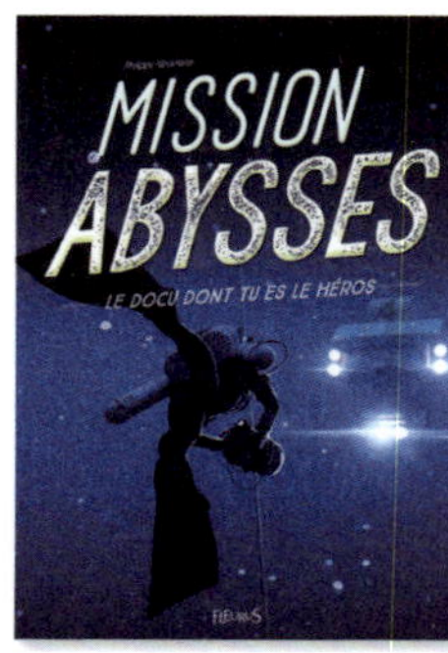

Direction : Guillaume Arnaud, Guillaume Pô
Direction éditoriale : Emmanuelle Braine Bonnaire
Édition : Sarah Hamon et Anaïs Rougale
Relecture : Sophie Harinck
Direction artistique : Élisabeth Hébert, assistée de Maïté Dubois
Maquette : Cromatik Ltée
Direction de fabrication : Thierry Dubus, assisté d'Axelle Hosten
Pictogrammes : © Shutterstock

Dépôt légal : septembre 2018
ISBN : 9782215138259
MDS : 592754
N° d'édition : J18216

Achevé d'imprimer en août 2018, par Graphycems, en Espagne.
Loi n° 49-956 du 16 juillet 1949 sur les publications destinées à la jeunesse.

MISSION Léonard de Vinci

LE DOCU DONT TU ES LE HÉROS

TEXTE : EMMANUELLE KECIR-LEPETIT
ILLUSTRATIONS : ARNAUD DEMAEGD

FLEURUS

Es-tu prêt(e) à partir en mission ?

Ce livre pas comme les autres te propose une incroyable aventure !

Dans les pages qui suivent tu ne liras pas les chapitres dans l'ordre, mais tu navigueras de l'un à l'autre en fonction des choix que tu auras faits.

Tu auras besoin de toute ton astuce, de ton bon sens, mais aussi du maximum de tes connaissances, car chaque mauvaise décision peut s'avérer fatale. Tu ne connais pas très bien Léonard de Vinci ? Ce n'est pas grave : grâce à ce livre, tu apprendras très vite de tes erreurs et deviendras incollable sur cet artiste italien !

Alors, prêt(e) à affronter tous les dangers ?

Si au cours de ton aventure, tu rencontres des mots signalés par un astérisque, n'hésite pas à consulter le lexique qui se trouve en dernière page.

Comment ça marche ?

Repère-toi grâce aux numéros de chapitre en haut de page.

Le texte te raconte ce qui est en train de t'arriver.

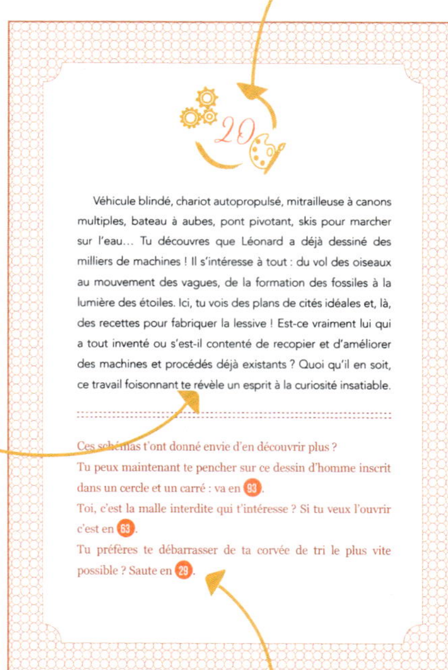

20

Véhicule blindé, chariot autopropulsé, mitrailleuse à canons multiples, bateau à aubes, pont pivotant, skis pour marcher sur l'eau… Tu découvres que Léonard a déjà dessiné des milliers de machines ! Il s'intéresse à tout : du vol des oiseaux au mouvement des vagues, de la formation des fossiles à la lumière des étoiles. Ici, tu vois des plans de cités idéales et, là, des recettes pour fabriquer la lessive ! Est-ce vraiment lui qui a tout inventé ou s'est-il contenté de recopier et d'améliorer des machines et procédés déjà existants ? Quoi qu'il en soit, ce travail foisonnant te révèle un esprit à la curiosité insatiable.

Ces schémas t'ont donné envie d'en découvrir plus ?
Tu peux maintenant te pencher sur ce dessin d'homme inscrit dans un cercle et un carré : va en 93.
Toi, c'est la malle interdite qui t'intéresse ? Si tu veux l'ouvrir c'est en 63.
Tu préfères te débarrasser de ta corvée de tri le plus vite possible ? Saute en 29.

Fais ton choix en fin de chapitre et rends-toi au numéro indiqué.

Bienvenue dans l'aventure !

Nous sommes à la fin de l'été 1504, à Florence, en Italie. Depuis quelques mois, un hôte pas comme les autres a posé ses valises au couvent de Santa Maria Novella. Pas un moine, non ! Il n'assiste même pas à la messe ! Cet étrange invité est un artiste peintre. Il se prétend également ingénieur, anatomiste, astronome, architecte… bref, nul ne sait vraiment ce qu'il est ! L'homme est un inclassable, un original. Il ne s'est jamais marié ni fixé nulle part et un parfum de scandale entoure sa vie d'éternel bohémien. Le nom de cet oiseau rare ?

Léonard de Vinci !

En 1504, Léonard est très célèbre. Partout, les princes s'arrachent ses services. Sa réputation a dépassé les frontières de l'Italie. Adulé comme un génie, Léonard n'en fait qu'à sa tête et certains, dans l'ombre, s'agacent de ses frasques… Sans le savoir, serait-il en danger ?

Et toi, dans tout ça ?

Tu viens de fêter tes 15 ans et as grandi à Milan, une autre cité d'Italie, dans une famille noble. Tu as donc reçu une instruction de lettré, sais jouer de la musique et combattre à l'épée. Tes parents rêvent pour toi d'un beau mariage et d'une carrière à la cour... mais tu refuses ce destin tout tracé ! Tu n'en veux pas depuis ce dimanche d'il y a quatre ans, où tu as visité le couvent Santa Maria delle Grazie, à Milan. Là, tu es tombé en arrêt devant une fresque peinte sur le mur du réfectoire et représentant la Cène, le dernier repas du Christ. Elle n'avait rien à voir avec les autres peintures de ton époque.

– Qui a fait cette merveille ? as-tu demandé.

– Leonardo da Vinci !

Depuis ce jour, tu n'as qu'une obsession : entrer en apprentissage chez le maître. Et voilà que ton rêve devient réalité ! Léonard vient de t'accepter dans son atelier. De Milan, tu as voyagé jusqu'à Florence. Dans quelques instants, tu vas faire sa connaissance. Ton cœur bat. Sauras-tu lui plaire ? Sauras-tu te montrer suffisamment à la hauteur pour qu'il te garde dans son atelier ? Et surtout, que vas-tu découvrir à ses côtés ? Mystère...

Personnages

Léonard de Vinci (1452-1519)

Célèbre artiste peintre, inventeur, scientifique, ingénieur, organisateur de fêtes royales...

Salaï (~1485-1524)

Apprenti de Léonard, âgé de 24 ans. Appelé Giacomo, mais surnommé *Salaï*, « le diable ».

Michel-Ange (1475-1564)
Jeune artiste romain ambitieux,
peintre et sculpteur en devenir.

Lisa del Giocondo (1479-~1542)
Modèle féminin de Léonard
pour un nouveau tableau.

Tomaso Masini (1460-1520)
Chef d'atelier de Léonard. Surnommé « Zoroastre »,
du nom d'un mage perse de l'Antiquité.

La Renaissance

En 1504, nous sommes au début du XVIe siècle. Un demi-siècle auparavant a éclos à Florence un mouvement culturel qui s'est répandu dans toute l'Europe : on le nommera plus tard le *Rinascimento*, la « Renaissance ». Ce mot a été choisi car c'est à ce moment-là que le savoir hérité des penseurs de l'Antiquité, oublié durant le Moyen Âge, « renaît » de ses cendres. On redécouvre l'art et la pensée antiques en exhumant les vieux manuscrits grecs et latins, on mène les premières fouilles archéologiques. Artistes et penseurs se mettent alors à réfléchir à la place de l'homme dans l'univers et cherchent à percer les secrets de la nature. Tout change ! Léonard de Vinci, par son œuvre et sa vie, fut l'un des fers de lance de cet esprit nouveau.

À l'époque où se déroule la vie de Léonard, l'Italie n'est pas encore un pays unifié : elle est constituée d'une mosaïque de cités-États indépendantes. Certaines sont des républiques, comme Florence ; d'autres des duchés ou des principautés gouvernés par de riches seigneurs, comme Milan. Ces différentes cités sont en rude concurrence. Les plus fortes cherchent à s'emparer des plus faibles, les invasions et les guerres sont fréquentes ! Pour ne rien arranger, le roi de France, pays voisin, convoite lui aussi les prospères cités italiennes : il a déjà conquis Milan et rêve d'étendre son influence. Quant à l'Église, elle règne sur les États pontificaux, sept provinces situées au centre de l'Italie, dont fait partie Rome.

Bref… c'est un capharnaüm !

L'Italie à la fin du XVe siècle

1

Voici trois jours que tu chemines à cheval, sous la morsure du soleil, sur les routes poussiéreuses d'Italie. Dans tes bagages, quelques habits et surtout de nombreux rêves : tu as hâte de découvrir Florence ! Car c'est ici que tout a commencé. Ici que cet art nouveau, dont toute l'Europe parle, a éclos. Et surtout, c'est ici, à Florence, que Léonard fit ses débuts et apprit son métier de peintre, comme tu t'apprêtes à le faire aujourd'hui…

De l'extérieur, la capitale de la Toscane a l'air plutôt rébarbative. La ville entière est barricadée derrière une épaisse ceinture de remparts brunâtres. Mais à l'intérieur, surprise ! Partout, les marchands s'affairent, les passants discutent, des jongleurs et musiciens animent les rues. Les échoppes des tapissiers, des ébénistes, les fabriques de soieries poussent comme des champignons à côté d'imposants palais. Quelle effervescence ! Il va falloir t'acclimater…

Mais pour commencer, il faudrait que tu trouves Léonard. Dans quelle direction vas-tu te diriger ?

Tu peux te rendre au couvent de Santa Maria Novella où ton maître a son logis et son atelier : dans ce cas, presse-toi vers le 22.

Tu peux aussi choisir de gagner le Palazzo Vecchio où, il y a un an, Léonard s'est vu commander une fresque pour décorer la salle du Grand Conseil. Comme on est en pleine journée, il est peut-être en train d'y travailler : file vers le 73.

Tu préfères continuer à flâner dans la ville ? Enfonce-toi dans cette ruelle à droite : c'est en 4.

2

Oh oh ! Les recettes de potions de Zoroastre n'ont pas grand-chose à voir avec la peinture, tu t'es peut-être fourvoyé en choisissant cette voie. Le vieux sorcier t'apprend à concocter un drôle de breuvage à base de tarentule broyée, de venin de crapaud et de bave de chien enragé. Malheureux celui qui le boira !

Mais peut-être est-ce toujours bon à avoir sous la main ? Tu empoches une fiole de ce poison. À présent, comment continuer l'aventure ?

Tu peux accompagner Léonard en voyage à Vinci, son village natal au cœur de la Toscane, en 52.
Tu peux aussi l'aider à travailler sur sa *Joconde* en 81.
Ou l'assister dans la réalisation de sa fresque au Palazzo Vecchio en 79.

3

Tu te fatigues vite ! Sache que Léonard resta apprenti durant onze ans avant d'ouvrir son propre atelier. Il débuta sa formation en 1466, à 14 ans, dans l'atelier d'Andrea del Verrocchio, un artiste réputé de Florence, et travailla dur pour acquérir les bases de son métier.

Un apprenti ne se rebelle pas. Il obéit et écoute. Tu n'as plus qu'à retourner chez tes parents, c'est la fin de l'histoire pour toi. Mais si tu souhaites t'accrocher, comme le fit Léonard, alors repars en 1. Bonne chance !

4

Après avoir erré quelque temps dans les ruelles, tu arrives sur une placette où se tient un marché. Tu t'arrêtes devant un oiseleur pour admirer les oiseaux en cage. Bientôt, un homme, fort grand de taille mais vêtu d'une courte tunique rose pour le moins originale, se place à tes côtés. À ta grande surprise, il achète tous les oiseaux… pour aussitôt les libérer !

Que fais-tu ?

Cet homme doit avoir une araignée au plafond !

Tu décides de t'éloigner de lui et te diriges cette fois vers l'atelier, en 22.

Tu te risques tout de même à lui adresser la parole ? Bifurque en 31.

5

Eh oui, ces cinq bonbonnes correspondent à la commande de Michel-Ange. Tu préviens Léonard, et après un test de couleur, l'huile s'avère rancie. Elle aurait tout gâché. Léonard n'est pas surpris : ce n'est pas le premier coup bas que lui fait Michel-Ange. Celui-ci le hait depuis que Léonard a tenté d'empêcher l'installation de son *David* sur la place du Palazzo Vecchio !

Malheureusement, la fresque de Léonard ne sera pas une réussite : l'enduit utilisé lui causera bien des soucis et se détachera par morceaux ! Il finira par abandonner *La Bataille d'Anghiari*, pour se consacrer à sa *Joconde*. Si tu allais l'aider d'ailleurs ? Poursuis l'aventure avec lui en 81.

6

Était-ce vraiment la meilleure solution ? Avec sa tenue rose, même de nuit, Léonard est facile à repérer ! Les *condottieri** ont l'œil aussi aiguisé que leurs lames : ils vous retrouvent sans peine et vous transpercent de leurs épées.

C'est bien dommage pour toi de finir cette aventure en brochette, mais encore plus dommage pour l'histoire de l'art : et dire que Léonard venait à peine de commencer à dessiner sa *Joconde* ! Tu veux qu'il la termine ? Alors reprends l'aventure en 1 et fais preuve de plus d'astuce !

7

Horreur ! Tu n'y penses pas ? Si tu entailles le bois avec un stylet, ton tableau sera couvert de fissures. Ce sera très laid, et en plus ces fissures risquent de s'élargir avec le temps. La technique du stylet sur bois ne sert qu'aux apprentis dessinateurs ou bien aux graveurs, et la gravure est un autre métier.

Tu n'es pas encore au point ! Tu devrais aller perfectionner ton apprentissage en 33.

Mais si tu en as assez et que toute cette technique te fatigue, révolte-toi en 3.

8

C'est Zoroastre, le chef d'atelier aux allures d'alchimiste, qui s'occupe de ton initiation.

Il t'apprend d'abord à fondre le métal pour préparer tes propres outils. Puis il te montre comment broyer plantes et roches en poudre fine afin de réaliser les pigments. Il t'enseigne ensuite la façon de les délayer dans un solvant afin de les transformer en peintures. La coutume, depuis des siècles, est de les diluer dans du jaune d'œuf, de la graisse animale ou de l'eau pour peindre *a tempera**. Tu comprends à présent pourquoi l'atelier héberge tout un poulailler !

Mais Léonard, lui, préfère innover : il peint souvent à l'huile, technique récente venue du nord de l'Europe. Selon lui, cette méthode permet de mieux restituer la lumière. Et l'huile ? C'est Zoroastre qui la distille lui-même dans ses alambics !

Le chef d'atelier t'initie ensuite au dessin : tu graves alors sur le bois à l'aide d'un stylet en métal. Eh oui, le papier est trop précieux à cette époque pour servir de brouillon aux apprentis !

Pour finir, il te confie la lourde tâche de préparer l'enduit du maître. Au XVIe siècle, on ne peint pas sur toile, mais sur panneau de bois. Et ces panneaux sont spéciaux : ils doivent être enduits d'une couche de chaux, d'une solution d'arsenic (attention, c'est un poison !) et de nombreux autres produits… Une fois secs, ils doivent être lavés et poncés. Enfin, tout beaux et blanchis, ils sont prêts à être utilisés !

Mais comment laver le panneau ? Zoroastre, désireux de te mettre à l'épreuve, ne t'a rien expliqué. L'atelier est désert, personne ne peut t'aider. Personne ? Si ! Salaï surgit soudain devant toi et t'affirme que pour nettoyer le panneau… il suffit de faire pipi dessus !

Qu'en penses-tu ?

Tu préfères chasser cette canaille de Salaï et lessiver ton panneau à l'eau ? File en 30.

Tu choisis d'utiliser de l'essence de térébenthine ? Dirige-toi en 13.

L'idée de Salaï te semble loufoque, mais pourquoi pas ? Si tu choisis de l'écouter, hasarde-toi en 94.

9

Bravo, tu dessines bien. Mais comment placer ton modèle ? Il ne faut pas te tromper ! Si tu connais déjà quelques tableaux de Léonard, tu sais qu'il est le premier à avoir rompu avec le Moyen Âge en plaçant ses personnages d'une certaine façon sur la toile.

Si tu penses qu'il faut représenter la Monna Lisa* de face, va en 49.

Si tu crois plutôt qu'elle doit être représentée de profil, opte pour le 37.

Tu coupes la poire en deux et dessines Monna Lisa de trois quarts ? Dirige-toi en 62.

10

Tu verses donc la potion dans le vin de Michel-Ange. Le lendemain, on retrouvera celui-ci raide mort. Empoisonné ! Dommage : le plafond de la chapelle Sixtine, son futur chef-d'œuvre, ne verra donc jamais le jour.

Même si cet artiste avait bel et bien sale caractère, il ne méritait peut-être pas un sort si cruel… D'autant que le conseil de Florence ne tardera pas à remonter la piste du poison jusqu'à Zoroastre et donc jusqu'à Léonard, qui se verra accusé de ton crime. Tu auras beau tenter de l'innocenter, rien n'y fera : Léonard de Vinci restera dans l'histoire non comme un génie, mais comme le vil assassin de Michel-Ange.

Si tu veux réparer cette erreur et redorer le blason de ton maître, recommence l'aventure en 1 !

11

Bon choix ! Léonard est né en 1452. Il est donc âgé de 52 ans. Ses cheveux, roux durant sa jeunesse, commencent à blanchir. Mais sa taille phénoménale est, elle, restée intacte : il mesure plus d'1 mètre 90. Eh oui, Léonard est une force de la nature ! En t'approchant de lui, tu constates qu'il porte un habit rose vif : original et peu habituel, à l'image du personnage certainement !

Léonard est flatté que tu l'aies reconnu. Mais son humeur est morose. Cela fait un an qu'on lui a passé commande de sa fresque… et il n'a toujours rien peint !

– J'aime prendre mon temps et réfléchir à mon œuvre, te confie-t-il. Je dessine de nombreux cartons de croquis avant de me mettre à l'ouvrage. Pas comme cet excité du pinceau, là, ce Michel-Ange que le Conseil vient de me coller dans les pattes pour faire une fresque sur le mur d'en face !

Oh oh ! On dirait que Léonard n'apprécie guère Michel-Ange – serait-il un peu jaloux ? Pour ne rien arranger, c'est le *David* sculpté par Michel-Ange qui a été choisi par la ville pour orner l'entrée du Palazzo.

– Je suis trop agacé, partons ! décrète-t-il.

Et le voilà qui prend ses cliques et ses claques ! Sa commande n'est pas près d'être honorée.

Tu t'empresses de le suivre.

De retour dans son atelier, Léonard te donne le choix entre plusieurs missions :

Tu peux l'aider à trier ses papiers en 90.

Ou bien lui servir de cobaye pour expérimenter une nouvelle machine en 35.

Ou encore l'accompagner le soir même dans les bas-fonds de la ville, en 24.

Gloups ! Rien à voir avec un travail de peintre ! Que choisis-tu ?

12

Bien joué ! Il faut en effet un miroir pour déchiffrer l'écriture de Léonard. Bizarre, tu ne trouves pas ? Écrit-il ainsi naturellement ou le fait-il exprès pour protéger ses notes des petits curieux ? Il faudra que tu éclaircisses ce point… Pour l'heure, tu peux classer ses papiers.

Tu souhaites te pencher de plus près sur les schémas qui représentent d'étranges machines ? Va en 20.

Ou bien sur ce dessin d'homme, inscrit à la fois dans un cercle et un carré ? Rends-toi en 93.

C'est plutôt la malle interdite qui te fascine ? Si tu veux l'ouvrir, c'est en 63.

Tu ne t'intéresses pas à tout ça et préfères te débarrasser de ta corvée de tri le plus vite possible ? Saute en 29.

13

Monstrueuse erreur ! Cette essence, employée à l'état pur, ronge tout l'enduit que tu as déjà posé et abîme le bois ! En revenant à l'atelier, Léonard constate ta bourde mais te la pardonne : un apprentissage de peintre dans les règles de l'art dure plusieurs années. En général, te confie-t-il, il ne donne le droit à un apprenti de toucher un pinceau qu'au bout de sept ans de labeur ! Sous ses aspects de dilettante, Léonard est un véritable artisan, méticuleux et travailleur.

Ne te décourage pas.

Retourne en 8 pour faire un meilleur choix ou bien va approfondir ton apprentissage en 33.

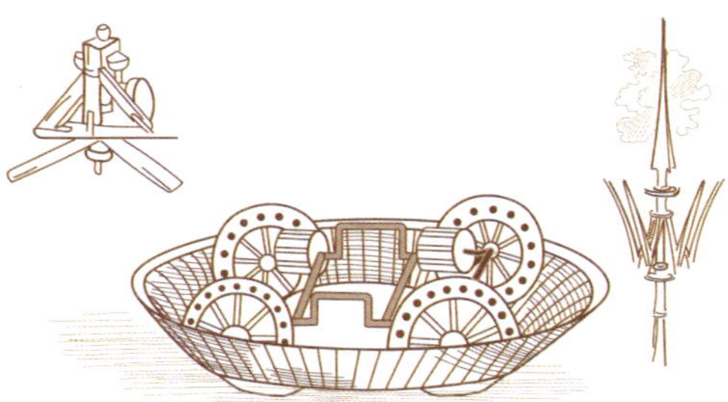

14

Tôt le lendemain, à l'heure des matines*, profitant que le religieux est à la messe, tu te diriges vers sa cellule. Elle est fermée à clef mais la serrure est grossière, un stylet de peintre en vient facilement à bout. À l'intérieur, tu découvres que le prieur* a subtilisé certains papiers de Léonard ! Et pas n'importe lesquels : il s'agit d'horribles croquis de corps humains dépecés ! Tu aperçois également une missive que le religieux s'apprête à envoyer au pape pour dénoncer les activités prétendues « diaboliques » de ton maître.

Il y a péril en la demeure !

Tu t'empares de tous ces papiers et t'empresses d'aller rapporter au maître ta découverte ? Fonce en 67.

Mais tu peux aussi chercher à en savoir plus en suivant discrètement Léonard le soir suivant, en 23.

15

Tu oses refuser ? Léonard est vexé. Il aime les audacieux. Une fois rentré à l'atelier, ton maître décide toutefois de te donner une seconde chance…

Tu veux lui montrer ce que tu as dans le ventre ? Alors accompagne-le dans les bas-fonds de Florence, mais n'oublie pas ton épée, ça peut être dangereux : cap sur le 24.
La bagarre n'est pas pour toi ? Tu peux lui proposer de trier ses papiers : c'est en 90.
Ou tout simplement lui préparer son dîner, en 92 !
Aucune de ces idées ne te plaît ? File en 59 et découvre l'occupation que te réserve Léonard !

16

C'est bien le numéro 16 qui est la clef. À toi les secrets de Léonard ! Mais, oh stupeur, tu découvres que ce coffre interdit contient des centaines de planches couvertes de croquis horribles à regarder ! Corps humains dépouillés de leur peau, boîtes crâniennes fendues en deux… Veines, artères, organes s'étalent à présent sous tes yeux. Tu aperçois même des dessins de fœtus morts…

Pourquoi Léonard dessine-t-il ces choses horribles ? Comment sait-il ce qu'il y a dans notre corps ? Est-il allé fouiller à l'intérieur des morts ? Quelle activité répugnante ! Elle est sans doute interdite par la loi !

C'en est trop ! Léonard te dégoûte et tu penses qu'il est préférable d'aller remettre ces papiers au prieur* du monastère ? Cours en 76.

Tu doutes mais as besoin d'en savoir plus pour te faire ta propre opinion ? Tu décides de suivre ton maître le soir venu. Faufile-toi en 23.

17

Salaï t'a joué un sacré tour. Ne savais-tu pas que c'était un farceur ? D'autant qu'il est un peu jaloux de toi : le maître t'accorde trop d'attention à son goût…

En tout cas, tu es tombé dans son piège. Quand Léonard découvre ton lapin, il se révolte : pas question qu'il se nourrisse de cadavres d'animaux ! Selon lui, tuer un animal est aussi grave qu'occire un être humain, et la violence lui fait horreur. Et oui, Léonard de Vinci est végétarien !

Tu as grillé toutes tes chances et Léonard te chasse de l'atelier. Tu veux te faire pardonner ? Recommence l'aventure en 1… quitte à manger des brocolis !

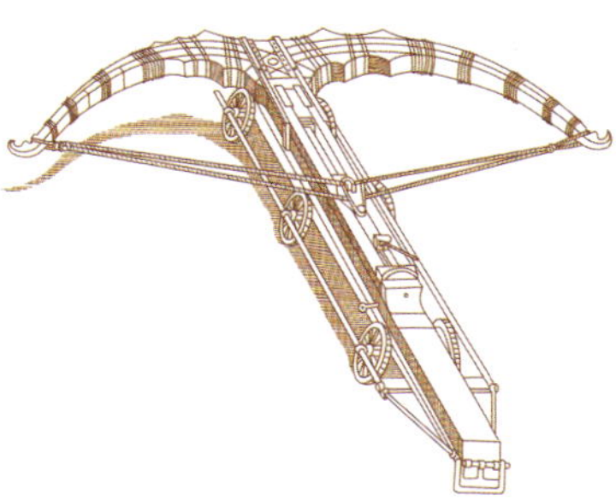

18

Tu ne manques pas de courage car il faut avoir le cœur bien accroché pour assister à une séance de dissection. Léonard ne dissèque pas les corps lui-même : ce sont deux médecins de l'hôpital qui s'en chargent. Lui, observe et dessine.

– Je cherche à comprendre la mécanique du corps humain, t'explique-t-il, car pour peindre une attitude de façon juste, je crois qu'il faut savoir comment elle se forme, avec quels muscles et quels tendons. Et j'ai envie de transmettre ce savoir. C'est pourquoi je fais ces dessins. Pour moi, l'art et la science ne font qu'un.

– Oui, mais c'est dégoûtant !

– Moi, je trouve ça beau. Tout ce qui est lié à l'être humain me passionne.

Cette conversation te fait comprendre soudain ce qui anime Léonard de Vinci : c'est un humaniste. Il met l'homme au-dessus de tout, et même au-dessus de Dieu. Quel renversement de valeurs par rapport au Moyen Âge !

À présent que tu comprends l'art du maître, celui-ci te conseille de commencer ton apprentissage : c'est en 8.

Mais il te propose aussi de l'assister directement dans la réalisation d'un nouveau tableau, si tu te sens capable de relever ce défi. Oui ? C'est en 61.

19

Le prieur* t'informe que Léonard de Vinci, c'est connu, écrit en miroir car il est gaucher. Et de te préciser :

– Léonard n'a pas reçu d'instruction quand il était enfant. Il a donc appris à écrire à la manière naturelle des gauchers, sans que personne ne brime ce penchant.

Voilà qui te surprend : qui est Léonard ? De quel milieu vient-il ? Tu en sais si peu encore sur lui… Mais ce moine semble bien renseigné. Justement, il te propose de t'aider dans ta tâche de tri.

Tu acceptes ? Cet homme te permettra de gagner un temps précieux et tu obtiendras peut-être de lui d'autres informations. Va en **87**.

Tu lui dis que tu préfères demander d'abord l'avis de Léonard ? Fais un détour en **44**.

Tu refuses poliment et retournes à tes papiers ? C'est en **29**.

20

Véhicule blindé, chariot autopropulsé, mitrailleuse à canons multiples, bateau à aubes, pont pivotant, skis pour marcher sur l'eau… Tu découvres que Léonard a déjà dessiné des milliers de machines ! Il s'intéresse à tout : du vol des oiseaux au mouvement des vagues, de la formation des fossiles à la lumière des étoiles. Ici, tu vois des plans de cités idéales et, là, des recettes pour fabriquer la lessive ! Est-ce vraiment lui qui a tout inventé ou s'est-il contenté de recopier et d'améliorer des machines et procédés déjà existants ? Quoi qu'il en soit, ce travail foisonnant te révèle un esprit à la curiosité insatiable.

Ces schémas t'ont donné envie d'en découvrir plus ?

Tu peux maintenant te pencher sur ce dessin d'homme inscrit dans un cercle et un carré : va en 93.

Toi, c'est la malle interdite qui t'intéresse ? Si tu veux l'ouvrir c'est en 63.

Tu préfères te débarrasser de ta corvée de tri le plus vite possible ? Saute en 29.

21

Tu pousses Léonard dans le passage et vous débouchez sur la berge de l'Arno. Il n'y a pas d'autre issue ! Aïe : ni toi ni Léonard ne savez nager… Mais le fleuve est marécageux à cet endroit et descend en pente douce. D'ailleurs, tu aperçois des joncs qui poussent sur la berge.

Que faire ?

Tu décides de te cacher sur la berge avec Léonard ? Va en **6**.
Tu tranches deux joncs avec ton épée, fourres des pierres dans vos poches et pousses Léonard dans l'eau ? Allez glouglouter en **57**.
Pas de temps à perdre en chichis : tu entraînes Léonard dans le fleuve ? Plonge en **86** !

22

Te voici au pied de la basilique Santa Maria Novella. Sa façade, ornée de motifs géométriques en marbre blanc et vert, est une splendeur ! Tu as bien du mal à en détacher ton regard. Mais tu n'es pas au bout de tes surprises : après avoir frappé à la porte, tu es guidé à l'intérieur du couvent par un jeune moine. Les murs des chapelles sont couverts de fresques de Domenico Ghirlandaio, Paolo Uccello et d'autres grands artistes du *Trecento** et du *Quattrocento*. Bienvenue à Florence, la capitale des arts de l'Italie… et du monde !

Mais en pénétrant dans la salle des Papes, où Léonard a installé sa *bottega**, tu déchantes. Première impression : ça pue ! Le sol est jonché de fientes d'oiseaux. Et pour cause : c'est une véritable ménagerie ! Il y a des poules qui caquettent dans les coins, un mainate qui jacasse dans sa cage, mais aussi des chats, un chien, et tu aperçois même un drôle d'animal couvert de piquants : non, tu ne rêves pas, c'est bien un porc-épic ! Pas de doute : Léonard est un grand ami des animaux. Au milieu de toute cette faune, des jeunes gens, sans doute des apprentis, sont occupés à divers travaux. L'un d'eux, du nom de Salaï, t'apprend que le maître est absent. Quelle déception !

Pour te consoler, il t'invite à explorer l'atelier à ta guise : il y a plusieurs pièces, en plus de cette grande salle. Cela t'étonne un peu, mais Salaï insiste :

– Te gêne pas, fais comme chez toi !

Que fais-tu ?

Tu peux soulever le drap qui recouvre un chevalet, posé près de la fenêtre, en 51.

Ou bien fouiller dans d'étranges tas de feuilles volantes amoncelées sur les étagères, en 56.

À moins que tu ne préfères te rendre utile en proposant ton aide au chef d'atelier, en 84.

23

Sans faire de bruit, tu files Léonard et pénètres à sa suite dans l'hôpital attenant au monastère. Que vient-il faire ici, à la nuit tombée ? Tu te caches derrière une tenture pour l'épier. Deux hommes vêtus de blouses noires le rejoignent bientôt. L'un d'eux dépose sur une table le corps d'un enfant mort. Puis il saisit un scalpel et l'ouvre en deux… Gloups ! L'odeur te retourne les boyaux. Tu te demandes où Léonard trouve la force de mener une activité si dégoûtante. Et surtout, que cherche-t-il ?

Le cœur et l'estomac en vrac, tu t'empresses de quitter les lieux. Tu te réfugies dans le cloître du couvent. Face aux étoiles qui brillent dans le firmament, tu consultes ta conscience et te demandes quoi faire. Voir ainsi Léonard fouiller dans le corps d'un enfant t'a choqué.

Si tu décides de t'en remettre au prieur* du couvent, dirige-toi en **76****.**

Mais si tu préfères aller demander des explications à Léonard, oriente-toi en **71****.**

24

À la nuit tombée, Léonard t'entraîne dans les tavernes florentines. Il y règne une drôle d'ambiance ! Aussitôt installé, ton maître, qui garde toujours un calepin accroché à la taille, se met à croquer quelques personnages sur le vif.

– Dans ma peinture, je cherche le vrai, t'explique-t-il. J'aime observer ce qui m'entoure, voir les gens discuter, rire, se battre. La nature est faite de beauté mais aussi de laideur, et un peintre doit la montrer telle qu'elle est.

Tandis qu'il te confie tout cela, tu te tiens sur tes gardes. Tu as peur que ton maître, plutôt voyant avec sa tenue bariolée, se fasse détrousser par des brigands. Tu remarques d'ailleurs qu'un petit groupe d'hommes armés, attablés à part, vous observent avec insistance.

Que faire ?

Battre en retraite te semble la meilleure solution ? Entraîne Léonard vers la porte, en 48.
Mais si tu décides d'aller causer à ces hommes pour savoir ce qu'ils vous veulent, dirige-toi en 60.

25

Ton attitude provoque l'hilarité de ton maître ! Serais-tu un peu lâche ? Cela n'a pas l'air de le choquer outre mesure, rassure-toi, mais Léonard est facétieux. Pour te mettre à l'épreuve, il décide de te donner le choix entre plusieurs corvées. À toi de te racheter !

Que préfères-tu ?

L'atelier de Léonard ressemble à une basse-cour ! File le nettoyer en 59.

Son bureau est un vrai bric-à-brac ! Va y mettre de l'ordre en 90.

Son estomac crie famine, toutes ces péripéties lui ont donné grand faim ! Va lui préparer un repas en 92. Et gare à toi si tu échoues...

26

Tu bats des ailes… et t'aperçois très vite que tu n'y arrives pas : elles sont trop lourdes. Au diable le ridicule, tu as bien fait de ne pas sauter ! Léonard te félicite pour ton discernement. En plus, tu lui as donné une idée : il va construire une machine pour exécuter des tests de force sur ses ailes. Ce n'est pas un échec qui va l'arrêter dans son projet !

Pour te récompenser et voyant que tu ne manques pas d'astuce, il te propose de devenir son assistant personnel. Si tu acceptes, dirige-toi en 61.
Mais si tu n'as pas encore fait ton apprentissage de peintre, il serait peut-être plus prudent de commencer par là : c'est en 8.

27

Sachant Michel-Ange occupé, tu t'introduis dans son *studiolo*, le bureau laissé à sa disposition au Vieux Palais. Vite, tu fouilles dans ses carnets et y découvres le cheval cabré de Léonard : Michel-Ange l'a donc recopié. S'il venait un jour à réutiliser ce motif dans une de ses œuvres, ce serait du plagiat* ! En cherchant plus avant, tu trouves dans un livre de comptes une commande pour cinq bonbonnes d'huile de lin. Bizarre… Michel-Ange qui a lui aussi commencé sa fresque ne peint pas à l'huile mais *a fresco*, une technique qui utilise des pigments dilués dans l'eau appliqués sur un enduit frais.

L'artiste prépare sans doute un mauvais coup contre Léonard. Que faire ?

Si tu as en ta possession la potion de Zoroastre, tu peux choisir de l'utiliser pour stopper Michel-Ange en 10.

Tu ne l'as pas ou préfères ne pas l'utiliser ? Dépêche-toi de rejoindre ton maître en 89.

28

Salaï te répond que ce que Léonard adore par-dessus tout, c'est le lapin de garenne aux champignons : il en chassait dans les collines de Vinci, le petit village de Toscane où il a grandi.

Tu te mets aussitôt en cuisine ? Noue ton tablier en 17.
Tu préfères demander un second avis ? Va consulter le 45.

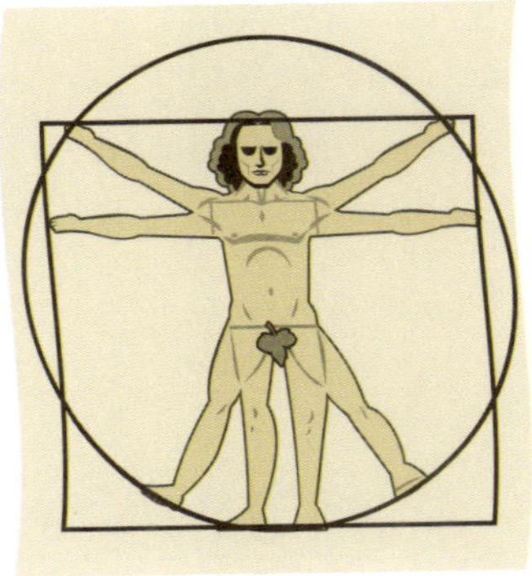

29

Ouf ! Après trois mois d'un travail de fourmi, tu as enfin terminé de classer les papiers de Léonard. Tu as compté : tu as trié plus de six mille planches de dessins ! Bravo pour ta persévérance. Le maître te félicite. Il t'informe qu'il projette de relier ces feuillets en carnets afin de les publier. Tu lui as donc grandement avancé le travail et tu as gagné son estime. Pour te récompenser, il te propose…

De commencer enfin ton apprentissage de peintre ! Hourra ! Galope en 8.

Ou bien de l'assister directement dans la réalisation d'une nouvelle peinture. Si tu t'en sens capable, fonce en 61.

30

Oh là là ! Au retour de Zoroastre, Salaï lui raconte ton exploit. Quelle bourde ! Tu aurais dû y songer : à l'époque de Léonard, l'eau n'est pas toujours pure. Tirée du puits, elle est conservée dans des bassines ou des brocs (cruches en métal) et contient souvent des germes, qui se développent ensuite sur le panneau de bois, en le faisant moisir. L'eau n'est donc pas l'ingrédient recommandé !

Retourne en 8 pour faire un meilleur choix ou bien va approfondir ton apprentissage en 33.

31

Bon choix, car tu découvres vite que ce géant rose n'est autre que Léonard de Vinci ! Il te confie qu'il adore lui aussi flâner dans les rues de Florence. Épris de liberté, il ne supporte pas de voir les oiseaux en cage et aime les observer en plein vol.

Ravi, tu bois les paroles du maître et le suis à travers Florence : vous passez près de l'Arno, le grand fleuve qui traverse la ville. Léonard te révèle son projet : il rêve d'en dévier le cours. Plutôt farfelue comme lubie ! Mais Léonard insiste : la ville serait ainsi reliée à la mer, ce qui serait bien plus pratique pour commercer. Il t'apprend qu'il se passionne pour l'hydraulique et, sortant un croquis de sa poche, te montre un projet de pelleteuse géante destinée à servir aux travaux. Cette machine t'est inconnue… et pour cause : Léonard vient de l'inventer !

Vous regagnez ensemble l'atelier du maître. Sur place, Léonard te présente Salaï, son jeune protégé, vêtu de bas roses lui aussi. Celui-ci te lance aussitôt un regard jaloux… Il faudra peut-être te méfier de lui. Puis, comme tu lui es sympathique, le maître te demande ce que tu préfères faire.

Commencer directement ton apprentissage de peintre ? C'est en 8.

Ou bien l'aider à trier ses papiers ? C'est en 90.

À moins que tu ne préfères l'accompagner dans les tavernes de la ville, à la nuit tombée, à la recherche de modèles ? C'est en 24.

Tu peux enfin l'aider à expérimenter une nouvelle machine, en 35.

Tu as l'embarras du choix !

32

Tu es un apprenti certes plein de bonne volonté, mais parfois négligent. Toutefois, Léonard a bon cœur et s'est attaché à toi. Il te garde dans son atelier. Tu le suis à Milan, puis à Rome. Là, les choses se corsent : il est trahi par un nouvel apprenti de son atelier qui fournit des renseignements au pape sur ses activités de dissection. La bulle* tombe : Léonard est condamné pour hérésie !

La vie de ton maître n'a jamais été aussi menacée ! Il n'a plus de protecteur et s'est fait beaucoup d'ennemis. On est en 1516, il est seul et âgé de 64 ans. C'est un vieil homme à la longue barbe, plus mélancolique que par le passé.

Que va-t-il préférer faire à ton avis ?

Si tu penses qu'il va tenir tête au pape quitte à mourir pour son travail, va en **41**.

Mais si tu crois qu'il va opter pour la fuite en emportant toute son œuvre avec lui, dirige-toi en **65**.

33

Durant quelques mois, tu perfectionnes ton art auprès de Zoroastre : tu aimes bien ce vieux sorcier. Tu as découvert qu'il travaille aux côtés de Léonard depuis vingt-cinq ans déjà ! Tous les deux font la paire. Aussi facétieux l'un que l'autre, ils aiment faire des farces.

Zoroastre est un peu alchimiste. Toujours penché sur ses alambics, quand il ne fabrique pas un nouveau mélange de peinture pour Léonard, il concocte d'étranges potions magiques…

Cet expert te propose de t'enseigner la technique picturale du *sfumato*, inventée par Léonard : si cela te tente, va en 77.

Mais tu peux aussi apprendre la technique de Léonard pour suggérer la perspective, en 91.

Tu t'intéresses surtout aux potions magiques de Zoroastre ? File en 2 !

34

Bonne décision ! À quoi bon dépenser son énergie en vaines batailles ? Les biens matériels sont peu de chose face à ce qui a vraiment de la valeur : la science et l'art. La nuit porte conseil : le lendemain, Léonard et toi décidez de retourner à Florence.

Il n'en reste pas moins que la situation actuelle de Léonard est critique. Il a dépensé tout l'argent de ses différentes commandes, n'a toujours pas fini *La Joconde*, et sa fresque, *La Bataille d'Anghiari*, est toujours à l'état de croquis inachevé. À la *bottega**, l'ambiance n'est pas à la fête. On se serre la ceinture. Dure est la condition de l'artiste qui poursuit ses rêves… Tu mets toute ton énergie pour assister le maître dans son travail. À quoi préfères-tu te consacrer ?

Si tu optes pour la fresque de *La Bataille d'Anghiari*, dirige-toi en 79.

Si tu préfères *La Joconde*, c'est en 81.

35

Le lendemain, Léonard t'entraîne en dehors de la ville, à bord d'un chariot bâché. Arrivé au sommet d'une colline, le maître sort du chariot deux grandes ailes de toile, reliées par une armature de bois, et se met en devoir de les fixer sur ton dos. Tu le laisses faire mais tu es un peu inquiet ! Puis Léonard t'explique qu'il a étudié le mouvement des oiseaux (les volatiles le fascinent littéralement) et qu'il cherche à inventer une machine qui permettrait à l'homme de voler, lui aussi. Seulement, sa machine n'est pas encore au point et il a besoin de faire des expériences pour la perfectionner. Il t'invite donc à l'endosser et à sauter de la falaise !

C'est bien joli mais si ça ne marche pas, tu vas t'écraser plusieurs centaines de mètres plus bas ! Que faire ?

Tu sautes, car tu as une confiance aveugle dans le génie de Léonard ? Envole-toi en **83** !

Tu refuses, tu aimes beaucoup Léonard, mais là il t'en demande un peu trop... Rends-toi en **15**.

Prudent, tu décides de battre des ailes sur place (c'est ridicule, mais c'est ton choix) : fais « flap-flap » en **26**.

36

Léonard se retourne et aperçoit le sourire qui flotte sur le visage de son modèle. Il te félicite pour ta trouvaille : voilà enfin l'expression qui manquait à son tableau ! Chaque jour, il travaille à cette nouvelle œuvre avec ferveur. Hélas, la jeune femme n'en peut plus de rester immobile. Léonard va donc s'inspirer de ton idée et engager un jongleur et des musiciens pour la divertir.

Pour te récompenser, il te propose de venir l'assister : quelle promotion ! Tu peux accepter et bondir en 61. Mais s'il te tient à cœur, auparavant, de finir la tâche que tu as commencée, retourne en 29.

37

Argh ! Léonard déteste ! Tu es trop influencé par la tradition du Moyen Âge : durant des siècles, les peintres ont représenté leurs modèles de profil. Ils dessinaient les personnages à plat, sans relief, sans extravagance, conformément au style qu'imposait la religion. Les visages ressemblaient un peu aux têtes dont sont frappées les pièces de monnaie !

Dès le début de sa carrière, Léonard a rompu avec cette tradition en donnant à ses portraits du volume et de la vie. Il était obsédé par l'idée de perspective, cherchant à créer l'illusion de la profondeur en représentant l'espace, les objets et les personnages en trois dimensions. Il créa pour cela des techniques révolutionnaires, qui lui valurent sa célébrité.

Réessaie ! Si tu as besoin d'aide, observe la galerie des portraits au début de ce livre… Sais-tu désormais comment il te faut positionner ton modèle ? De face ? Va en 49. De trois quarts ? C'est en 62.

38

Tu recules vers les hommes armés et découvres que leurs intentions sont bonnes : ils veulent vous protéger. Ce sont d'honnêtes soldats français ! L'un d'eux met aussitôt Léonard à l'abri. Et toi que fais-tu ?

Tu te bats aux côtés des soldats contre les *condottieri ? Fonce en 64 !**

Tu préfères filer à l'anglaise avec Léonard ? Enfuis-toi en 25.

39

Aïe ! Difficile d'y voir clair dans le bureau de Léonard. Une grosse malle trône au milieu d'un beau bazar : des milliers de feuilles volantes sont éparpillées partout. Visiblement, Léonard dessine et prend des notes sur des pages de carnets, au fil de son inspiration, puis les arrache et ne classe rien. Ses dessins t'intriguent au plus haut point : ils touchent les sujets les plus variés et prennent la forme de schémas, à la précision scientifique. Tu n'as jamais rien vu de tel, c'est très novateur ! Cela te donne une idée : et si tu les triais ? Tu rendrais un grand service à Léonard. Il abrégerait peut-être ta corvée de nettoyage et s'intéresserait plus à toi.

Seul hic : les textes qui accompagnent les schémas sont incompréhensibles. On dirait des messages codés. En voici un extrait :

« Divise la tête en douze parties et chacune en degré,
et chaque degré en douze points. »

Tu brûles de déchiffrer le contenu de ces notes… Mais comment faire ? Observe et réfléchis.

Tu as découvert la manière de déchiffrer le texte et as déniché le numéro masqué à l'intérieur ? Bravo ! Dirige-toi maintenant vers lui.

Tu ne trouves pas ? Il y a d'autres moyens : tu peux choisir de demander l'aide de Salaï, le jeune protégé de Léonard, en 78.

Tu te méfies de lui ? Pourquoi alors ne pas demander son avis au prieur* du monastère : dirige-toi en 19.

40

Oui, c'est la bonne technique ! Soit tu as beaucoup d'intuition, soit tu as mené patiemment ton apprentissage : en effet, le charbon est tout indiqué car les panneaux sont enduits à la chaux. Ils sont donc blancs. Le charbon qui est noir y laisse des marques visibles, mais pas indélébiles : elles sont faciles à effacer par la suite. Sache que cette technique de report du poncif a été inventée par Léonard lui-même !

Vous pouvez à présent passer à la mise en couleurs du tableau. Léonard te révèle qu'il a aussi créé une nouvelle technique picturale, appelée le *sfumato* (« effet de fumée »). Elle permet d'estomper les contours du dessin. Et il te pose une devinette : à ton avis, comment ce *sfumato* est-il obtenu ?

En appliquant de très fines couches de peinture les unes au-dessus des autres ? Va en 66.

En plaçant le tableau peint au-dessus d'un feu de braises, afin de le fumer ? Va en 54.

En peignant très vite par petites touches de couleurs, fondues les unes dans les autres ? Va en 95.

41

Léonard, un héros ? Ouh là ! Cela n'a jamais été sa tasse de thé. Dans de nombreux épisodes de sa vie, il s'est contenté de prendre ses jambes à son cou. Il a horreur du conflit et n'a jamais perdu son temps en batailles stériles.

Ton aventure ne t'a apparemment pas permis de suffisamment bien connaître le maître... Recommence-la en 1 pour tenter de mieux le comprendre.

42

Oui ! Quelle mémoire ! L'âme de Léonard doit vivre en toi car tu as su faire preuve de curiosité, d'inventivité et de précision tout au long de cette aventure. Grâce au dessin que tu as si précieusement conservé, ton maître changera le fond du portrait de sa Joconde, en la plaçant devant un paysage imprégné de mystère. Il continuera à peaufiner ce tableau de longues années, sans jamais s'en séparer.

Toi non plus tu ne le quitteras pas. Tu l'admires trop. Tu le suivras à Milan, puis à Rome et jusqu'à sa retraite en France où il s'installera à la fin de l'année 1516, au manoir du Clos-Lucé à Amboise, sous la tutelle du roi François Ier. Ce sera alors un vieil homme à la longue barbe blanche, mais toujours aussi drôle et créatif : jusqu'à la fin, il émerveillera la cour en créant des fêtes somptueuses et restera curieux de tout. Juste avant sa mort, il rédigera son testament et léguera *La Joconde* au roi de France, en reconnaissance de sa protection désintéressée.

Quant à toi, tu auras alors rassemblé tous ses papiers en plusieurs carnets, appelés *Codex*. Tu auras bien servi ton maître et permettras à ses idées de perdurer et d'inspirer d'autres penseurs et artistes dans les siècles qui suivront. En art comme en science, ton maître s'imposera bientôt aux yeux du monde comme un précurseur de génie, le premier vrai esprit encyclopédique, ainsi qu'un fabuleux artiste.

Voilà, nous sommes le 2 mai 1519. Léonard vient de rendre son dernier souffle. Une lumière s'est éteinte. Au pied de son lit, où son grand corps est étendu, tu pleures. Tu as perdu un maître, un ami. Mais sèche tes larmes. Retourne-toi et observe ce petit portrait, accroché au mur, qui te contemple. *La Joconde*. Ne vois-tu pas comme son sourire est doux ? Elle sourit encore aujourd'hui.

Cette aventure t'a réservé de nombreuses surprises. Mais le monde de Léonard est comme un labyrinthe, plein de chemins qui s'entremêlent. Les as-tu tous explorés ? Retourne en 1 pour le découvrir…

43

Pauvre de toi ! Léonard adore Salaï. Il l'a recueilli dans son atelier en 1490, alors que le garçon n'avait que 10 ans et errait dans les rues à faire les quatre cents coups ! Leur relation est des plus étranges : Léonard se conduit avec lui comme un père de remplacement, mais aussi un peu… comme un amoureux. Il faut dire que Salaï est très beau avec ses cheveux bouclés et son visage d'ange. Mais l'ange cache en réalité un diable et Léonard, impuissant, passe tout à ce jeune élève turbulent !

L'accuser est donc une faute impardonnable. Tu es viré ! L'aventure s'achève… Mais tu peux la recommencer en 1, en prenant garde cette fois à ne pas blesser les sentiments de Léonard.

44

Léonard te met aussitôt en garde : il a déjà remarqué que le prieur* avait tendance à fureter dans ses affaires. Il se méfie de lui et ce que tu viens de lui dire ne fait que renforcer sa conviction. Que cherche le religieux ? Hélas, Léonard refuse pour l'instant de t'en dire plus, mais tu devines qu'il te cache quelque chose.

Tu peux à présent retourner à ton travail de tri, en 29.

Tu peux aussi chercher à ouvrir la malle qui trône dans le bureau de Léonard, en 63.

Ou bien l'assister dans son travail sur une nouvelle peinture. Si tu acceptes cette promotion, bondis en 61.

Mais il serait peut-être plus prudent d'acquérir certaines bases au préalable. Si tu choisis cette option, rends-toi en 8.

45

Tu as bien fait de consulter le sage Zoroastre : celui-ci t'apprend que Léonard ne mange que des légumes, accompagnés de lentilles, de céréales et de fromages, son délice. Quelle drôle d'idée d'être végétarien, personne ne l'est à cette époque... Mais Léonard adore les animaux et la simple idée de les tuer lui soulève le cœur !

Tu prépares donc au maître le menu qu'il préfère. La soirée est festive. L'ami fidèle de Léonard, le musicien Atalante, vient l'animer avec sa lyre, et un autre copain de Léonard vous fait la surprise de sa visite : il s'agit du peintre Botticelli ! Très en forme, ton maître multiplie les calembours*. Tu découvres une facette de sa personnalité que tu ignorais encore : c'est un fêtard invétéré ! D'ailleurs, c'est ainsi qu'il a principalement gagné sa vie dans les cours italiennes, en organisant des fêtes monstres, avec décors peints, trompe-l'œil, automates et grands spectacles de sons et lumières. Ces « effets spéciaux » sont une nouveauté à l'époque, et pour cause : Léonard de Vinci en est l'inventeur.

Vous vous couchez tard. Le lendemain, le réveil est difficile. Heureusement, Léonard a fabriqué plusieurs systèmes de réveils bizarroïdes et très bruyants qui finissent par vous tirer du lit. Allez, il est temps de se remettre aux choses sérieuses !

Léonard te donne le choix : tu peux commencer ton apprentissage de peintre, en 8.
Ou bien l'aider à trier ses papiers, en 90.

46

Dans le feu de l'action, tu tues l'un des demi-frères de Léonard… C'est ennuyeux ! Ton père, grâce à ses relations, te fera échapper à la potence mais le maître te fermera à jamais ses portes. Un meurtrier dans un atelier de peintre, ça fait désordre, et Léonard a horreur de la violence.

Tu viens d'apprendre, dans la douleur, que Léonard de Vinci n'était pas admiré de tous de son vivant. Beaucoup – à commencer par sa propre famille – le critiquait. Cela te donne encore plus envie de l'aider à réaliser ses rêves ? Alors recommence l'aventure à ses côtés en 1 !

47

Tu te présentes au jeune artiste mais réalises qu'il y a erreur sur la personne. Il s'appelle Michel-Ange… et l'humilité ne semble pas être sa première qualité :

– C'est MOI qui ai réalisé le *David* qui émerveille aujourd'hui Florence, se vante-t-il. Je suis le plus grand sculpteur de toute l'Italie.

Dans ton dos, Léonard fulmine. Il est vexé que tu l'aies confondu avec un autre – et surtout avec celui-là, son rival ! Il te raccompagne jusqu'à son atelier et, en guise de punition, te donne le choix entre deux corvées.

La première, c'est de faire le ménage dans son atelier : dans ce cas, va récurer en **59**.

La seconde, c'est de jouer au secrétaire pour trier sa paperasse : c'est en **90**.

Aucune de ces deux missions ne te fait envie ? Tu peux aussi te rebeller en **70**.

48

Hélas ! À peine sortis dans la ruelle, vous tombez sur un groupe de *condottieri** aux allures patibulaires. Vous essayez de rebrousser chemin, mais les hommes armés qui vous observaient vous ont suivis hors de la taverne. Vous voici pris en tenaille ! Vite, il faut réagir !

Tu sors ton épée de son fourreau et fonces vers les *condottieri* ? Va te battre en 80 !

Tu préfères te diriger vers ceux qui vous observaient ? Recule en 38.

Tu aperçois un passage descendant vers le fleuve entre deux maisons : tu peux aussi décider de t'y engouffrer, en 21.

49

Hum… c'est peut-être un peu trop moderne et peu adapté pour rendre l'effet de profondeur recherché à la Renaissance. C'est en effet à cette époque que les peintres découvrent et se passionnent pour la perspective – l'art de créer l'illusion d'un espace en trois dimensions sur un tableau. Pas évident, puisqu'un tableau, c'est plat !

Léonard était un expert en perspective. Il savait la suggérer de plusieurs manières et fut un novateur en la matière : il révolutionna totalement l'art de son époque. Un modèle de face ? Non, ce n'est pas ça.

Regarde bien les portraits des personnages au début de ce livre… Et oui, ils sont de trois quarts ! Va en 62 pour plus d'explications.

50

Pendant plusieurs jours, tu te plonges dans les notes de Léonard. Tu découvres au passage que ton maître, outre ses travaux d'ingénieur, s'intéresse de près à la géométrie. Tu fais plusieurs tentatives pour ouvrir la malle avec les calculs savants inscrits sur ses papiers : sans succès. Tu finis par tomber sur un dessin intitulé *Homme de Vitruve* et daté de 1490. Regarde bien : cet homme-étoile, inscrit à la fois dans un cercle et un carré, autour duquel tout l'univers semble tourner, est représenté à la fois immobile et en marche. En combinant ses postures, tu peux repérer seize mouvements possibles dans le même dessin ! Ce croquis, très symbolique, serait-il la clef pour pénétrer l'univers de Léonard ?

Ça y est, tu as compris quel était le code chiffré que tu recherches ?

Dirige-toi vers lui pour ouvrir la malle !

Tu ne le trouves pas ? Tant pis ! Tu décides de forcer la serrure, en 75.

51

Le drap dissimule une peinture sur bois : « *La Sainte Anne* ! » chuchote Salaï. Sans doute une œuvre de Léonard ! Tu reconnais son style si caractéristique : comme dans *La Cène*, les personnages semblent pris sur le vif, en pleine action. Ça bouge de partout ! Sauf ce paysage, tout au fond, nimbé d'un bleu inimitable. Que signifie ce tableau ? Tu aimerais tant percer les secrets de l'art du maître.

– Je peux savoir ce que vous trafiquez ?! clame soudain une voix derrière toi.

Tu fais volte-face et te retrouves face à une sorte de mage à barbe noire : le chef d'atelier de Léonard, Zoroastre ! Il te réprimande car le maître a interdit qu'on touche à ses tableaux. Pour la peine, tu nettoieras les crottes de poules pendant un mois.

Tu es en colère, Salaï s'est joué de toi ! Comment réagis-tu ?

Soit tu accuses Salaï de t'avoir berné et protestes haut et fort : pas question que tu t'abaisses à une tâche aussi dégradante ! Va tempêter en 70.

Soit tu acceptes, la mort dans l'âme, en te promettant qu'à l'avenir tu te méfieras de ce vaurien. Va chercher ton balai en 59.

52

Tu as bien fait d'accepter de suivre Léonard : durant le voyage, il te raconte son enfance au milieu des collines :

– Je passais mes journées à errer dans la nature, à observer et dessiner.

– Mais vous n'alliez pas à l'école ?

– À celle du village, mais on n'y apprenait pas grand-chose. Tout ce que je sais, je l'ai appris seul. Ma mère n'était qu'une simple paysanne… Je suis né de sa brève aventure avec un jeune notable du coin. Mon père ne m'a jamais reconnu. Il a ensuite fait un beau mariage et a eu de nombreux enfants. Toute la famille me considère comme un paria… Mais mon père vient de mourir. Je retourne donc au village pour me recueillir sur sa tombe.

À l'arrivée, c'est la douche froide : les demi-frères de Léonard le traitent de haut et lui interdisent même l'accès à la maison familiale ! Ils lui apprennent que son père ne lui a rien laissé. Tout l'héritage leur revient. Ce rejet attriste beaucoup Léonard. Déprimé, il annonce qu'il part se balader dans la colline, une drôle de boîte sous le bras.

Si tu décides de l'accompagner, aventure-toi en 74.

Mais si tu préfères rester pour tenter de raisonner ses frères, avance en 82.

53

Choix judicieux ! Toi qui aimes tant Léonard, tu sais peut-être qu'il a déjà travaillé pour le compte des Français, vers 1500, et que ces derniers admirent son talent, autant que les Milanais ou les Florentins... voire davantage !

Vous sortez donc de la taverne sous leur garde et regagnez le monastère sains et saufs.

Sur le chemin, Léonard te raconte ses aventures à travers l'Italie : au gré des remous politiques, il a été protégé par divers individus. Aujourd'hui, il est de retour à Florence et c'est son ami Machiavel qui le protège... Mais jusqu'à quand ? Les temps sont troublés et, pour survivre, les artistes doivent souvent se compromettre...

– Depuis que j'ai découvert les horreurs de la guerre au côté de César Borgia – un seigneur italien pour qui j'ai travaillé quelques mois –, toutes ces combines me fatiguent, soupire Léonard. J'aspire à plus de tranquillité.

Ton discernement face à l'adversité aura eu le mérite de te faire gagner l'estime du maître. Mais comprends qu'il faut ouvrir l'œil ! Plusieurs choix s'offrent à toi pour continuer l'aventure : tu peux débuter ton apprentissage en 8 ; devenir le secrétaire de Léonard en triant ses papiers, en 90 ; ou encore lui servir d'assistant pour réaliser une nouvelle peinture en 61.

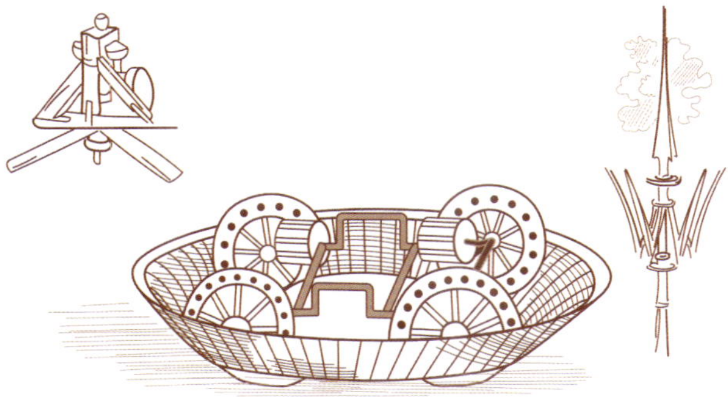

54

Quelle blague ! Au moins, tu auras réussi à bien faire rire Léonard ! Tu lui es très sympathique car il adore les plaisanteries, mais tu dois quand même faire attention et te concentrer. Si tu places un tableau au-dessus d'un feu, tu vas faire fondre toutes les couleurs, qui vont dégouliner et tout sera gâché, voyons !

Rassure-toi : Léonard lui-même fit un jour la même bourde, en essayant de faire sécher une de ses fresques ! Mais, il vaut peut-être quand même mieux que tu ailles perfectionner ton apprentissage en 33.

Tu en as assez ? Rebelle-toi en 3 !

55

Léonard apprécie ta noble attitude. D'autant qu'il n'est pas dupe : il connaît le caractère de Salaï. Il se doute bien que le garçon est le responsable de cette pagaille, car ce n'est pas la première fois qu'il fait des siennes : Salaï a tous les défauts. Il vole dans les bourses, n'avoue jamais ses fautes, s'empiffre de sucreries… Pourtant, Léonard tient à lui plus qu'à toute autre personne de sa *bottega** : il l'aime, tout simplement.

Tu n'as pas dénoncé Salaï, bravo : la colère de Léonard retombe aussitôt. Il t'informe que pour comprendre ses écrits il suffit de se doter d'un miroir. Tu peux donc retourner à ta paperasse pour achever ton travail, en 29.

À moins que tu ne préfères commencer tout de suite ton apprentissage de peintre, en 8.

56

Ces feuilles volantes recèlent les plans de machines plus extraordinaires les unes que les autres ! Est-ce Léonard qui les a inventées ? Fasciné, tu passes de l'une à l'autre quand, soudain, les feuilles te glissent des mains et s'éparpillent au sol… pile au moment où Zoroastre, le chef d'atelier, pénètre dans la pièce. Évidemment, tu te fais remonter les bretelles. Ça commence mal ! Ces papiers sont très précieux, Léonard y tient énormément. Eh bien, puisque tu aimes la paperasse Zoroastre t'assigne une mission : remettre de l'ordre dans les dessins du maître !

Tu refuses tout net. Ce que tu veux, toi, c'est peindre, et rien d'autre ! Rebelle-toi en **70**.

Tu acceptes, à contrecœur – ton apprentissage de peintre n'est pas pour tout de suite ! Traîne-toi jusqu'en **90**.

57

C'est astucieux ! Avec les joncs, vous vous faites des sortes de tubas pour respirer sous l'eau, et grâce au poids des pierres, le courant ne vous emporte pas. Bravo ! Ton subterfuge a donné une idée à Léonard : il inventera plus tard le scaphandre, un système pour évoluer et respirer sous l'eau. Il dessinera même un sous-marin !

Pour le moment, vos ennemis – ne réussissant pas à vous trouver – rebroussent chemin, et vous rentrez au monastère sains et saufs.

Tu as réussi cette mission haut la main ! Léonard exauce donc ton vœu le plus cher : tu peux commencer ton apprentissage de peintre, en 8.

Tu penses en savoir déjà suffisamment sur cet art ? Dans ce cas, va directement travailler, en 61.

58

Le sieur del Giocondo repart, outré, et jure qu'il attaquera Léonard en justice. Tu es embêté, tu y es allé un peu fort. Au retour de ton maître, tu lui racontes l'affaire, t'attendant à te faire réprimander… Au lieu de cela, il te serre dans ses bras ! Heureusement que tu n'as pas donné le tableau ! Léonard ne l'a pas terminé. Et de toute façon, il ne le donnera jamais, il y est trop attaché.

Un procès ? Pfiou ! Il n'en a cure, ce n'est pas le premier et ce ne sera pas le dernier !

– Il n'est pas achevé ce tableau ? t'étonnes-tu.

– Non, il faut changer le fond. Les colonnes, ça ne va pas.

– Et que va-t-on mettre à la place ?

– Un paysage… celui que j'ai dessiné à Vinci.

Tu sais ce dont parle Léonard et tu connais le numéro que porte le dessin en question : dirige-toi vers lui.

Tu ne vois pas ce dont il parle : va en 32.

59

Un mois de nettoyage de l'atelier ! Quelle corvée ! Toi qui rêvais de devenir peintre, te voici domestique ! Tu tâches de ravaler ta fierté mais les semaines passent et Léonard, absorbé par les multiples projets qu'il mène de front, ne t'accorde aucune attention. Tout en rongeant ton frein, tu observes ce qui se passe autour de toi. Pourquoi Léonard s'enferme-t-il chaque jour des heures durant dans son bureau ? Et où va-t-il traîner, certains soirs, avec cette besace lourdement chargée ? Enfin, pour quelle raison le prieur* du monastère traîne-t-il si souvent dans l'atelier aux moments où Léonard n'y est pas ?

Un soir, tu n'y tiens plus : tu fouilles le bureau de Léonard pendant qu'il a le dos tourné, en **39**.

Ou bien tu prends ton maître en filature, en **23**.

À moins que tu ne préfères aller explorer la cellule du prieur ? Va en **14**.

60

Ces hommes sont étrangers. Leur italien est approximatif… Voici ce qu'ils te disent :

– Nous, soldats français, envoyés en mission par roi de France Louis XII qui a conquis Milan : aimerait que Léonard vienne travailler sous sa protection. Mais attention : a été informé par espions que des *condottieri**, mercenaires du cruel César Borgia, sont à la recherche de Léonard. Avant, Léonard travaillait pour César mais a arrêté. Alors César furieux, veut se venger. Léonard et vous, en danger !

Oh là là ! Tu comprends quelque chose à cette histoire rocambolesque ?

Si tu décides malgré tout de faire confiance à ces soldats, suis-les en 53.

Tu peux aussi te méfier : pourquoi les Français voudraient-ils protéger Léonard ? En effet, du temps où ton maître vivait à Milan, il était sous la protection de Ludovic Sforza, l'ennemi des Français. Tu peux donc presser Léonard de quitter les lieux au plus vite et prendre la poudre d'escampette en 48.

61

Te voici chargé d'assister le maître dans la réalisation d'un nouveau tableau : un portrait de Monna Lisa* del Giocondo, une toute jeune femme de 22 ans. C'est son mari, un riche marchand, qui a commandé l'œuvre à Léonard.

Ton maître n'en est encore qu'à la phase du « poncif », c'est-à-dire du croquis sur carton, et tâtonne pour savoir dans quelle position placer son modèle et sur quel fond. Il te demande de réaliser quelques tracés avec lui : peut-être lui fourniras-tu des idées…

Tu décides de te lancer tout seul, car tu as déjà un bon coup de crayon. Va en 9.

Tu as peur de ne pas être à la hauteur ? Va prendre quelques leçons avec Zoroastre en 33.

62

Oui ! C'est bien la position que Léonard donne à tous ses portraits. Cette posture dynamique, avec le buste légèrement de biais, permet de donner du volume au personnage, et donc de créer l'illusion de la perspective et du mouvement.

Après bien des essais, ton maître a enfin un croquis qui le satisfait. Il faut à présent reporter ce dessin du carton à… la toile ? Non, ça n'existe pas à cette époque, les peintres travaillent sur panneau de bois. Si tu as bien suivi ton apprentissage, tu sais déjà avec quel genre d'enduit on prépare les panneaux et de quelle couleur ils sont. N'est-ce pas ? !

Léonard te demande donc de t'occuper de transférer le dessin du carton sur le bois. À toi de jouer !

Comment faire ? Tu peux décider de repasser sur les lignes du croquis avec un stylet en métal pour graver le dessin sur le bois placé en dessous, en 7.

Ou bien choisir de percer plein de petits trous dans le carton du poncif, en suivant les contours du dessin, puis de le placer sur le panneau et de le tamponner avec du charbon, en 40.
Ça te semble étrange ? Alors, à la place du charbon, si tu utilisais de l'encre, en 72 ?

63

Pas de chance : la malle est fermée par un cadenas ! Léonard, expert en horlogerie, l'a mis au point avec des rouages crantés. Un nombre à deux chiffres permettrait de le déverrouiller, mais où le trouver ? Un indice est dessiné sur le dos de la malle : l'image d'un homme inscrit à la fois dans un cercle et un carré. Ce dessin doit faire référence à l'une des œuvres de Léonard. Peut-être la connais-tu déjà et as-tu deviné le code dont il est question ?

Si oui, reporte-toi au numéro auquel tu penses et ouvre la malle !

Si tu ne vois pas ce dont il s'agit, c'est que tu ne connais pas suffisamment l'œuvre de Léonard. Dirige-toi donc en 50.

Tout cela est trop énigmatique pour toi ? Force la serrure de la malle, en 75.

64

La bagarre est rude, car les *condottieri** sont bien entraînés. Mais tu te bats avec vaillance aux côtés des soldats du roi de France et vous sortez vainqueurs de l'échauffourée. Bravo !

Tu rentres ensuite au monastère pour panser tes blessures et te reposer. Tu sais à présent qu'il faut ouvrir l'œil : les temps sont troublés et Léonard a plus d'un ennemi. Comment désires-tu continuer l'aventure ?

Tu peux entamer ton apprentissage de peintre en 8 ; devenir le secrétaire de Léonard en triant ses papiers en 90 ; ou encore lui servir d'assistant pour réaliser une nouvelle œuvre en 61.

65

Eh oui ! Fidèle à son habitude, Léonard prendra la poudre d'escampette. Il mettra tous ses papiers, *La Joconde* et deux autres tableaux chers à son cœur sur une caravane de mulets et fuira vers la France, en octobre 1516. Quel voyage ! Vous traverserez les Alpes à dos d'âne, braverez le froid, les brigands, les bêtes sauvages. Mais la bonne étoile de Léonard le suivra. Il sera reçu comme un prince par le roi François Ier et achèvera sa vie à Amboise, au bord de la Loire.

Quelle intelligence ! Grâce à cette fuite, Léonard permettra à son œuvre d'être conservée et de perdurer. Tu l'as suivi jusqu'à la fin, bravo à toi ! Mais as-tu bien compris qui il était ? Sa vie et son œuvre ont tellement de facettes... Pour les explorer, tu peux reprendre toute cette aventure en **1** : elle te réserve sûrement encore de nombreuses surprises !

66

Tu as tout compris ! Cette technique inventée par Léonard permet, couche par couche, de modeler les contours du dessin à certains endroits pour donner une impression de volume et de mouvement, comme si le tableau était vivant. D'ailleurs, tu le constates toi-même : quand tu passes devant *La Joconde*, on dirait qu'elle te suit des yeux, que tu sois à droite ou à gauche, et il te semble qu'elle est en train d'esquisser son sourire… C'est le résultat du *sfumato**. Rien n'est figé ! Pour Léonard, le mouvement et la sensibilité sont la source de l'art et de la vie.

Léonard t'estime beaucoup. Il projette de faire de toi son second… Pour le moment, il t'invite déjà à l'accompagner en voyage à Vinci, son village natal : si cela te tente, fais un détour en 52.

Mais tu peux aussi continuer à travailler dans l'atelier : avance alors jusqu'en 81 pour voir ce que l'avenir te réserve.

67

Excellent ! Léonard te félicite : grâce à toi, il a la preuve que le prieur* fomente un mauvais coup contre lui. Cela faisait un moment qu'il le soupçonnait de mener un double jeu. Pour te récompenser de ta loyauté, Léonard te révèle son secret : il pratique la dissection des cadavres, car il s'intéresse à l'anatomie humaine. Il te rassure : c'est une activité autorisée par la loi, mais encore mal vue par l'Église, qui la considère comme proche de la sorcellerie.

Veux-tu aller assister Léonard dans cette pratique ? Si oui, cap sur le 18. Mais si tu n'es pas très friand d'os sciés et de sang, Léonard t'offre aussi la possibilité de commencer ton apprentissage de peintre : c'est en 8.

68

– Pour peindre les vêtements, continue Zoroastre, Léonard fait le contraire du *sfumato**. Il n'estompe pas les contours et utilise une peinture à l'huile traditionnelle, à l'effet très net qui accentue la texture du vêtement. Ainsi, par contraste, le visage de ses personnages semble encore plus vivant !

Étonnant, n'est-ce pas ? Et pour dessiner les vêtements de la façon la plus fidèle possible, Léonard demande à ses apprentis de sculpter des statues en bois et de les « habiller », en modelant de la terre glaise, pour figurer tous les plis en relief des vêtements. Il s'applique alors à les dessiner, en multipliant les croquis. Quelle méticulosité !

Tu adores la peinture et veux en savoir plus sur la façon dont Léonard suggère la perspective ? File en **91** !

Tu peux aussi accepter d'accompagner Léonard dans son village natal, en **52**.

69

Catastrophe ! L'huile contenue dans ces bonbonnes s'avère frelatée. Les premières couleurs posées par Léonard ne tardent pas à se dénaturer. Pour tenter de rattraper son œuvre, il remet une couche d'enduit. Mais ces ajouts successifs ne tiennent pas. Sa peinture dégouline et refuse de sécher.

Qui a commandé cette huile frelatée ? Est-ce l'enduit qui est responsable de ce gâchis ? Qu'importe, découragé, Léonard laissera sa fresque inachevée. Encore un échec ! Il ne t'en tiendra pas pour responsable, mais cette nouvelle épreuve va assombrir son caractère. Et les finances manquant, il devra bientôt dissoudre son atelier et se séparer de toi.

Tu aurais certainement aimé continuer à partager ses aventures. Hélas, la seule solution qui s'offre à toi maintenant est de retourner en 1 pour recommencer l'histoire... Et, pour reprendre le conseil que le grand-père adoré de Léonard lui répétait quand il était petit : Po l'occhio ! « Ouvre l'œil ! »

70

Tu oses jouer à la forte tête ? Sache que le premier devoir de l'apprenti est l'obéissance. Allez oust, retourne chez ton papa, enfant gâté !

Les secrets de Léonard ne seront pas pour toi. Ou alors, repens-toi et repars en 1. Et avec le sourire, s'il te plaît !

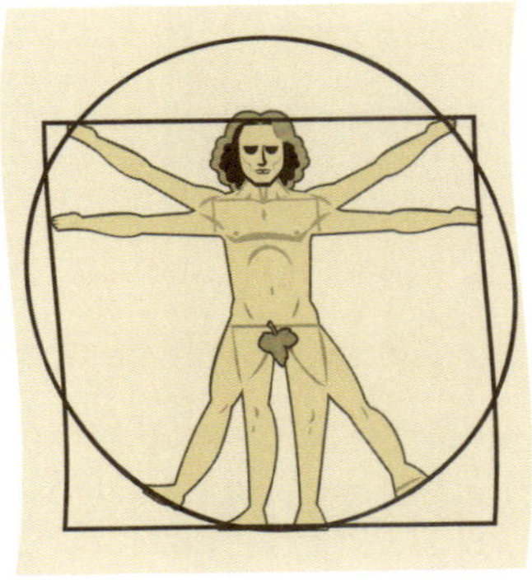

71

Ta franchise t'honore. Certes, tu as un peu fouiné, mais la curiosité est un défaut que Léonard a toujours considéré comme une qualité. Il te révèle alors son secret : il pratique la dissection. Il est fasciné par l'anatomie humaine. La dissection ? L'anatomie ? Tu n'as jamais entendu parler de ces choses, ce sont des disciplines nouvelles.

– Vos activités sont sans doute mal vues par l'Église ! t'inquiètes-tu.

– En effet, surtout depuis le changement de pape : l'année dernière Alexandre VI a été empoisonné. Son successeur, le pape Jules II, est bien plus conservateur.

Oh là là ! Quelle histoire ! Tu as bien fait de ne pas aller dénoncer Léonard au prieur*, cela aurait pu lui coûter cher !

Tu veux en savoir plus au sujet de la dissection ? Ton maître te propose de venir assister à sa prochaine séance. Si tu acceptes, c'est en 18.

Ce n'est pas ton truc ? Dirige-toi alors en 8 pour commencer ton apprentissage de peintre.

72

Dommage ! L'idée de perforer le carton était bonne, mais l'encre est indélébile, elle va pénétrer le bois et ternir la peinture que Léonard appliquera par-dessus. On n'utilise pas d'encre sur un tableau.

Tu peux retourner en 62 pour faire un autre choix, ou aller approfondir ton apprentissage en 33.
Toute cette technique te fatigue ? Et si tu te rebellais ? Va en 3 !

73

Après avoir tourné dans un lacis compliqué de ruelles, tu finis par déboucher sur la place du Palazzo Vecchio, le « Vieux Palais », l'hôtel de ville de Florence. Cette forteresse hérissée de créneaux est dominée par une tour de guet qui culmine à 94 mètres. En levant les yeux, tu aperçois l'ombre de soldats qui font la ronde à son sommet : tu as l'impression d'être en plein Moyen Âge !

Il y a foule sur la place du Palazzo. Les badauds s'attroupent autour d'une statue, érigée face au palais et qui, elle, n'a rien de médiéval. Toute de marbre blanc, elle doit faire plus de quatre mètres de haut et représente un homme… totalement nu ! L'œuvre est très belle et frappante de réalisme. Elle est typique de cet art nouveau, inspiré par l'Antiquité et dont Florence est la capitale. Un passant te souffle son nom : le *David*.

Serait-ce une création de Léonard ? Pour le savoir, tu pénètres dans le palais et te rends dans la salle du Grand Conseil. La pièce est plongée dans la pénombre, de grands draps sont tendus devant ses fenêtres. En plissant les yeux, tu aperçois, sur ta droite, un immense mur vide devant lequel un géant aux longs cheveux roux piqués de gris réfléchit d'un air boudeur. Sur le mur d'en face, un jeune peintre plein d'allant est déjà au travail : il a ébauché le dessin de sa fresque, représentant des hommes nus en train de se baigner dans une rivière.

Si tu penses que Léonard est le géant qui médite, va en 11.
Mais si tu crois plutôt qu'il s'agit du second artiste en plein travail, va en 47.

74

Bien que perturbé, Léonard n'a pas envie de s'épancher. C'est un homme très secret. Arrivé en haut d'une colline, il installe sa boîte face au soleil et sort de sa poche une mine de fusain.

– Cette boîte est une chambre noire. Elle a été inventée durant l'Antiquité, mais je l'ai remise au goût du jour. Tu vois ce trou à l'avant ? La lumière y pénètre et projette, sur le papier tendu au fond de la boîte, l'image inversée du paysage qui s'étale devant nous.

– Wouahou… C'est magique ?

– Non, c'est de l'optique. Maintenant, il me suffit de repasser au crayon sur les contours de l'image pour dessiner le paysage. C'est une façon de saisir le réel ! Je suis même sûr qu'un jour on trouvera une façon de figer les images du monde grâce à cette boîte.

Tu es sceptique ? Tu as tort car cette invention, pressentie par Léonard, s'appelle… la photographie ! Mais elle ne verra le jour que trois cents ans plus tard. En attendant, il t'offre le dessin de son paysage, au coin duquel il a inscrit le nombre 42, car c'est le 42e croquis qu'il réalise cette semaine. Quelle productivité ! Note ce numéro pour te le rappeler en temps voulu…

De retour au village, Léonard est fatigué. Comme ses frères lui refusent l'accès à sa maison d'enfance, il loue une chambre à l'auberge et va se coucher. Et toi, que fais-tu ?

Cette situation te scandalise et tu veux en toucher deux mots à ses frères ? Cap sur le 82.

Mais tu peux aussi choisir de ne rien faire et aller prendre un peu de repos en 34.

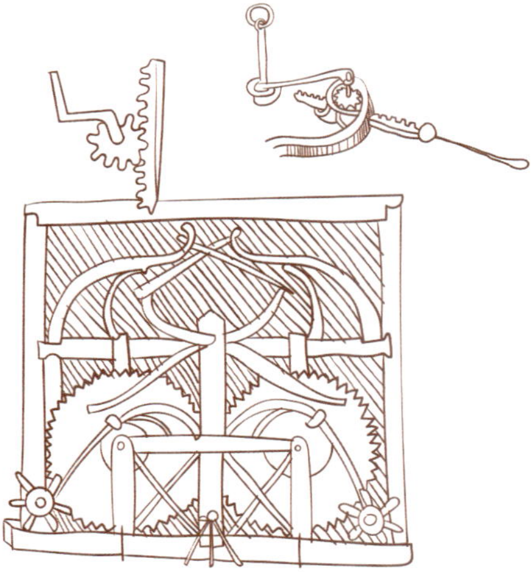

75

Tu fais sauter la serrure et découvres le contenu de la malle : elle renferme d'horribles dessins anatomiques. Des corps mis à nu, muscles et tendons à vif, des croquis de crânes découpés, vus de profil en coupe, ou du dessus… Ils peuvent te choquer ou te fasciner, qu'importe ! À son retour, Léonard comprend très vite que sa malle a été forcée et te soupçonne avec raison. Tu as bafoué ses règles et trahi sa confiance : il te chasse séance tenante de son atelier.

C'est la fin de l'aventure pour toi. Toutefois, si ces découvertes ont piqué ta curiosité, libre à toi de la recommencer en 1 !

76

Le prieur* te félicite, tu as fait le bon choix. Tes informations confortent l'idée qu'il avait de Léonard : ce soi-disant génie est un impie ! Il s'empresse de le dénoncer au pape. Grâce… enfin plutôt *à cause* de toi, le Saint-Père émettra une bulle* condamnant Léonard pour hérésie, c'est-à-dire insulte à la religion. Il sera brûlé vif à Rome quelques mois plus tard… *La Joconde* ne verra jamais le jour et le nom de Léonard de Vinci sera oublié de l'histoire.

Cette fin tragique te donne des remords ? Eh oui, tu as trahi ton maître ! Ton esprit est encore obscurci par les superstitions du Moyen Âge. Au lieu de chercher à comprendre, tu as eu peur : c'est légitime, car à la Renaissance les travaux de Léonard ont bouleversé bien des idées reçues.

Mais tu peux toujours retenter l'aventure en 1 !

77

Et Zoroastre de t'expliquer :

– Le *sfumato** consiste à superposer à certains endroits du tableau plus d'une dizaine de microcouches de peinture, pas au pinceau mais avec le gras des doigts pour ne pas laisser de traces…

– Cela doit prendre du temps !

– Beaucoup, d'autant que Léonard utilise une peinture à l'huile spéciale, à base d'oxyde de manganèse très finement broyé au moulin, un secret de fabrication que j'ai élaboré avec lui. Cette peinture sèche lentement. Il faut attendre plusieurs semaines entre les couches, ce qui explique pourquoi Léonard met tant de temps à achever ses œuvres. Le résultat en vaut la peine, car le *sfumato* crée un effet fabuleux : les contours s'estompent, donnant vie au tableau.

Sais-tu qu'en inversant la technique du *sfumato*, Léonard a mis au point une autre technique pour peindre les vêtements de ses personnages ? Si cela t'intéresse, va la découvrir en 68.

À moins que tu ne préfères t'échapper quelques jours de l'atelier ? Léonard te propose de l'accompagner à Vinci, en 52.

78

Aïe ! Salaï est un farceur ! Au lieu de te renseigner, il s'empare de la liasse de feuilles que tu lui présentes et s'enfuit vers l'atelier. Tu le poursuis. Salaï bondit comme un diable dans la salle, renversant au passage les coupelles contenant les précieuses peintures du maître. Il met le bazar partout ! Dans un coin, Léonard est occupé à dessiner une jeune femme qui a l'air de mortellement s'ennuyer. En vous voyant sauter comme des cabris, elle esquisse un sourire. Mais Léonard, lui, n'est pas content : il se fâche tout rouge.

Que faire ?

Tu t'empresses de raconter à Léonard que c'est la faute de Salaï ? Va en **43**.

Tu préfères prendre toute la faute sur toi ? Va en **55**.

C'est peut-être insolent, mais tu fais remarquer au maître qu'au moins, grâce à vos cabrioles, son modèle s'est déridé ? Va en **36**.

79

Après quelques mois de travail intensif, et avec ton aide, Léonard achève enfin le carton de la fresque du Palazzo Vecchio. Sa copie est exposée au public et fait l'admiration de tous. Imaginez donc ! Le dessin mesure 18 mètres de long sur 8 mètres de large : il est monumental. Et le cheval cabré de la scène centrale, saisissant de réalisme, est une véritable merveille ! On vient même de l'étranger pour l'admirer ! Le carton de Michel-Ange n'obtient pas le même succès. Un matin, tu aperçois d'ailleurs ce dernier en train de rôder, un carnet à la main, autour de l'œuvre de ton maître…

Que fais-tu ?

Tu décides de mener une petite enquête sur Michel-Ange ? Glisse-toi en 27.

À quoi bon ? Tu préfères rejoindre Léonard. Il n'y a pas de temps à perdre : c'est ce matin qu'il va démarrer la peinture de sa fresque. File en 89 !

80

Pauvre de toi ! Les *condottieri** sont plus nombreux et bien mieux rompus au combat que toi ! Ne sais-tu pas qu'un *condottiere* est un redoutable chef de guerre, sans foi ni loi ? Ces hommes surentraînés ont tôt fait de te transformer en mortadelle avec leurs lames affûtées ! Tu as confondu courage et intrépidité… L'histoire s'achève ici pour toi et tu meurs sans même savoir si Léonard arrivera à survivre à ce traquenard !

Heureusement, tu peux toujours ressusciter et redémarrer l'aventure en 1. Prends garde à toi : l'Italie est un vrai coupe-gorge à la Renaissance !

81

Pendant quelques mois, tu aides Léonard à avancer son plus célèbre tableau, dont le nom (*la gioconda* en italien) veut dire « la joviale ».

Ton maître vient d'ajouter une sixième couche de peinture à sa *Joconde* – qu'il a représentée sur un fond sombre, devant une colonnade, d'où sa figure ressort particulièrement – quand grande nouvelle, il t'annonce que vous allez déménager.

Sa situation à Florence est précaire et le gouverneur français de Milan vient de lui faire une offre qui ne se refuse pas. Il te charge de faire les cartons, puis tourne les talons.

C'est à ce moment-là que le sieur del Giocondo débarque dans l'atelier. Il est furieux : il a déjà accordé plusieurs avances d'argent au maître pour achever le portrait de sa femme et celui-ci ne lui a toujours rien remis. Il réclame *La Joconde*. Il l'a payée, elle est à lui !

Que fais-tu ?

Elle te semble parfaite et tu acceptes de lui donner ? Va en 85.

Tu préfères chasser cet importun en le menaçant de ton épée ? Montre les dents en 58.

82

Tu tentes de plaider la cause de Léonard mais les gaillards te rient au nez. Selon eux, il n'est qu'un raté, une girouette incapable de mener à terme ses projets.

– D'ailleurs, à part quelques portraits, quelle œuvre a-t-il achevée ? te demandent-ils.

Et toi, bien sûr, de citer *La Cène*, cette fresque qui t'avait tant impressionnée à Milan.

– Mauvais exemple, elle est en train de s'écailler ! s'esclaffent aussitôt les frères de Léonard. Tu n'étais pas au courant ? Ton maître l'a peinte avec une détrempe* de son invention qui n'a, bien sûr, pas résisté au temps. Il n'en restera bientôt plus rien ! La bonne blague !

Quel désastre ! Tu aimais tant cette peinture. Et ces idiots qui se réjouissent de sa destruction ! Ton sang se met soudain à bouillonner dans tes veines. Que fais-tu ?

Tu tires ton épée. C'en est trop : il faut donner une leçon à ces arrogants ! Va ferrailler en **46**.

Tu serres les dents et préfères quitter les lieux sans faire de vagues ? Rends-toi en **34**.

83

Et zou, tu bondis dans les airs… mais horreur ! Les ailes conçues par Léonard sont bien trop lourdes : tu n'arrives pas à les manipuler correctement, et au lieu de planer, tu tombes comme une pierre et t'écrases au sol !

Eh oui, sache que Léonard n'a jamais réussi de son vivant à faire fonctionner sa drôle de machine volante. Certains de ses cobayes y auraient d'ailleurs laissé quelques plumes, ou plutôt quelques os. Tu aurais mieux fait de tester une autre machine de Léonard : le parachute !

Heureusement, tu es dans un livre. Tu peux recoller ton squelette et recommencer l'aventure du bon pied : va atterrir en 1 !

84

Tu repères le chef d'atelier : avec sa barbe noire et ses yeux luisants, on dirait un vieux sorcier. Son étrange surnom de Zoroastre lui va comme un gant. Alors que tu t'approches de lui, un géant aux cheveux gris-roux et à la carrure athlétique fait irruption dans l'atelier. Quelle n'est pas ta surprise d'apprendre que c'est Léonard de Vinci en personne ! Tu ne l'imaginais pas comme ça. On dirait un Viking. Sauf que ce Viking-là est habillé en rose ! Bizarre… À ton grand désarroi, Léonard t'accorde à peine un regard et charge Zoroastre de s'occuper de toi.

Celui-ci te laisse le choix :

Commencer ton apprentissage de peintre : ça se passe en 8.

Ou bien trier les papiers du maître : va en 90.

85

Horreur ! Qu'as-tu fait ? Est-ce que Léonard t'a dit que sa peinture était finie ? Et n'as-tu pas deviné qu'elle ne l'était pas ? L'arrière-plan définitif de *La Joconde* est fait d'un paysage, pas de colonnes et d'un fond sombre. Léonard désirait le revoir. En outre, sache que ce tableau lui était devenu si cher qu'il comptait ne jamais le remettre à son commanditaire.

En rentrant à l'atelier, ton maître est effondré. Impossible à présent de récupérer son chef-d'œuvre… celui-ci restera inachevé pour l'éternité ! Et dire que tu étais tout près du but : Léonard voulait que tu deviennes son second à votre arrivée à Milan.

Pour réparer ton erreur, il n'y a qu'une solution : retenter l'aventure en retournant en 1.

86

Plouf ! Vous voilà dans l'eau. Mais l'Arno a beau être marécageux, son courant est fourbe : Léonard et toi ne tardez pas à être emportés comme des fétus de paille ! C'est triste à dire mais vous mourez tous deux noyés, ce qui n'a rien d'agréable…

Tu t'en veux d'avoir mis fin prématurément à la vie du grand Léonard de Vinci, et à la tienne par la même occasion ? Retente l'aventure en 1 !

87

Comme toi, le prieur* ne tarit pas d'éloges sur Léonard. Toutefois, au fil des conversations, il t'apprend des choses perturbantes à son sujet. Savais-tu par exemple que, dans sa jeunesse, Léonard avait fait l'objet d'un scandale de mœurs ? Accusé d'être homosexuel – pratique hors la loi à cette époque ! – il faillit être condamné à la pendaison.

– Heureusement, les juges se sont montrés cléments envers lui et il a pu continuer sa carrière, soupire le prieur. Ce qui est ennuyeux, c'est qu'il est aujourd'hui cité dans un autre procès.

– Ah bon ! Lequel ?

– Il concerne une de ses peintures, appelée *La Vierge aux rochers*. La connais-tu ?

– Euh non…

– Ce n'est pas étonnant, elle a été récupérée depuis par les Français. Ce sont des moines de Milan qui lui ont commandé cette œuvre, il y a près de vingt ans, pour orner un retable* de leur église. Or, quand Léonard la leur a livrée, horreur : il n'avait pas mis d'auréoles au-dessus de la tête de ses personnages et avait même ajouté une patte de bouc, symbole du diable, à l'ange Gabriel. Bien sûr, les moines, choqués, ont refusé la peinture et ont demandé à Léonard de leur rembourser l'argent de la commande. Mais il n'en a rien fait et a quitté Milan comme un voleur !

Évidemment, tu tombes de haut ! Toi qui te faisais de Léonard une si noble idée… Profitant de ton trouble, le religieux te révèle alors que ton maître mènerait des activités de sorcellerie : celui-ci en conserverait les preuves dans la malle fermée qu'il garde dans son bureau. Après t'avoir fait cette révélation, le prieur tourne les talons.

Te voici seul. Que fais-tu ?

Tu veux en avoir le cœur net : tu décides d'ouvrir la malle ! Fonce en 63.
Tu ne peux pas t'y résoudre et préfères aller te confier à Léonard ? C'est en 44.

88

Aïe, mauvais choix ! Sache que Léonard de Vinci est végétarien. Manger de la chair animale lui fait horreur. Pas de doute que, plusieurs siècles plus tard il aurait été furieusement à la mode ! Pour lui, tuer un animal est aussi grave que d'attenter à la vie d'un homme.

Choqué, il te chasse de son atelier. L'histoire s'achève donc là pour toi. Mais à présent que tu connais mieux ce drôle d'oiseau, essaye de la recommencer en 1... sans le froisser !

89

En pénétrant dans la salle du Grand Conseil, une odeur étrange frappe tes narines : ça sent l'encaustique*. Bizarre, habituellement on prépare le mur d'une fresque avec de la chaux. Léonard, tout sourire, t'apprend alors qu'il a innové ! En effet, peindre *a fresco*, « sur le frais », n'a jamais été son fort. Cette technique suppose de poser ses pigments sur un enduit de plâtre frais, sans possibilité de retouche car l'enduit sèche vite, en fixant les couleurs. Or Léonard aime travailler lentement. Il a donc eu l'idée d'expérimenter un nouveau type d'enduit. Cela va lui permettre de peindre à sec et à l'huile, selon sa technique préférée.

Tu n'es pas à l'aise. Les expériences de Léonard ne sont pas toujours couronnées de succès… Mais c'est trop tard : l'enduit est posé. Léonard te demande alors de lui apporter l'huile avec laquelle il va délayer ses pigments, et il te désigne des bonbonnes qui, par chance, lui ont été livrées la veille.

Si tu connais le nombre de bonbonnes et qui les a commandées, dirige-toi vers le numéro correspondant.

Si tu ne le connais pas ou si tu ne t'en souviens pas, va en 69.

90

Oh là là ! Quelle galère ! Le maître conserve ses papiers dans un bureau à l'arrière de son atelier, et tu découvres que la pièce croule sous des milliers de feuilles volantes ! Ce travail va te prendre plusieurs mois.

Tu as accès à tout, sauf à une grosse malle fermée à clef que tu as interdiction d'ouvrir. En t'attelant à la tâche, tu découvres que les notes de Léonard de Vinci touchent les sujets les plus variés et sont couvertes de schémas techniques, très bien réalisés. Seul hic : les textes qui accompagnent les dessins sont incompréhensibles. On dirait des messages codés.

En voici un extrait :

« Divise la tête en douze parties et chacune en degré,
et chaque degré en douze points. »

Si tu n'arrives pas à déchiffrer le contenu de ces notes, impossible de les classer. Comment faire ? Inutile de solliciter ton maître : absorbé par un nouveau tableau, il a exigé que nul ne le dérange. Tu dois donc te débrouiller sans lui. Observe et réfléchis.

Tu as découvert la manière de déchiffrer le texte et trouvé le numéro masqué à l'intérieur ? Bravo ! Dirige-toi maintenant vers ce numéro.

Tu ne trouves pas ? Ce n'est pas grave, il y a d'autres moyens : tu peux choisir de demander l'aide de Salaï, le jeune protégé de Léonard, en 78.

Tu te méfies de lui ? Pourquoi alors ne pas demander son avis au prieur* du monastère. Lui saura sans doute te renseigner : dirige-toi en 19.

91

– Lorsque Léonard fit son apprentissage, à la fin du xve siècle, t'apprend Zoroastre, les peintres se passionnaient déjà pour la perspective. Pour créer l'effet de profondeur, ils construisaient leurs tableaux en lignes obliques qu'ils faisaient toutes converger vers un point central, au fond.

– Ouh là, c'est technique !

– Oui, Léonard a excellé dans ce domaine, il a même fabriqué un perspectographe, un appareil muni d'un viseur pour faciliter le travail des peintres. Mais en même temps, il a compris que la réalité n'était pas aussi simple. Quand on voit un paysage de loin, l'horizon nous semble courbe : Léonard a donc mis au point la perspective curviligne* et aussi – sa grande trouvaille ! – la perspective aérienne.

– Qu'est-ce que c'est ?

– Léonard a compris le rôle joué par la lumière dans notre perception de l'espace. Il suggère donc la profondeur en dégradant les couleurs et en plongeant ses fonds dans une atmosphère bleutée ou de clair-obscur évoquant l'éloignement et le mystère de ce qui nous échappe.

Quel génie ! Plus tu en apprends sur Léonard, plus tu l'admires.
Veux-tu maintenant l'accompagner en voyage à Vinci, en 52 ?
Tu t'intéresses aux potions de Zoroastre ? Va en 2.
Tu peux aussi continuer l'aventure en aidant le maître en 81.

92

Direction les cuisines du monastère ! Elles sont bien garnies et tu y trouves de tout : volailles, légumes, fruits et même des poissons de rivière. Mais qu'est-ce que le maître aime manger ? Tu l'ignores…

Tu peux aller demander son avis à ce diablotin de Salaï. Il connaît bien Léonard. Dans ce cas, va en **28**.

Tu préfères t'adresser à Zoroastre, le chef d'atelier aux allures de sorcier ? C'est en **45**.

Tu improvises et cuisines quelque chose que tout le monde aime : une bonne volaille rôtie à la broche, accompagnée d'une poêlée de légumes du potager. Mets-toi aux fourneaux en **88** !

93

Quel dessin fabuleux ! En lisant les notes à la marge, tu apprends que Léonard l'a réalisé en 1490 et l'a baptisé *L'Homme de Vitruve*. Ce personnage aux proportions parfaites, inscrit à la fois dans un cercle et un carré, semble s'animer sous tes yeux : et pour cause, en regardant bien, tu repères seize combinaisons d'attitudes possibles ! Seize… Retiens ce nombre, on ne sait jamais, ça peut t'être utile !

Que signifie ce dessin ? Tu devines qu'il doit être très symbolique. Toi qui es lettré, tu sais que le carré représente la Terre à ton époque, et le cercle le Ciel. L'homme de Léonard a les pieds sur Terre et emplit le Ciel : il est le centre du monde, la mesure de toute chose. Tu as bien fait de t'intéresser à ce dessin : il est sans doute la clef pour comprendre le travail de Léonard.

Que fais-tu à présent ? Si tu veux tenter d'ouvrir la malle interdite, dirige-toi en 63.

Si tu préfères finir ton travail de tri, c'est en 29.

94

Le soir, au retour de Léonard, tu lui confies ton expérience. Il te félicite :

– L'urine qui sort de notre corps est bien plus propre que l'eau tirée du puits et conservée dans des bassines au milieu des poules de l'atelier. L'eau impure fait moisir le bois… pas l'urine ! J'ai découvert cette méthode en tâtonnant moi-même et en osant. Bravo, tu es comme moi !

Il y a de quoi être fier : tu suis l'exemple de Léonard dont la démarche en tant que peintre est celle d'un scientifique, basée sur l'expérimentation. C'est une méthode nouvelle d'acquisition du savoir, typique de l'époque de la Renaissance. Léonard estime que tu es prêt à entrer dans la phase deux de ton apprentissage : il te promeut assistant !

Si tu veux continuer l'aventure en tant qu'assistant de Léonard, bondis en 61.

Mais si tu tiens auparavant à approfondir ton apprentissage pour éviter certaines erreurs, va d'abord en 33.

95

Hum… cette technique est celle des impressionnistes du XIXe siècle qui peignaient très vite pour saisir l'instant. Rien à voir avec la peinture de la Renaissance, qui demande bien plus de temps et de travail !

Tu es sans doute un précurseur, mais un petit approfondissement de ton apprentissage te fera le plus grand bien : rends-toi en 33.

Tout cela t'énerve ? Va taper du pied en 3 !

Lexique

A tempera : du latin *temperare*, détremper. Technique de peinture à base d'eau et de jaune d'œuf le plus souvent, utilisée durant le Moyen Âge et communément appelée « détrempe ».

Bottega : atelier des peintres italiens de la Renaissance. C'est à la fois un lieu de travail et de vie, et une école réunissant le maître et ses apprentis.

Bulle : document par lequel le pape promulguait autrefois une décision importante ou un acte juridique. La bulle était fermée par un sceau, d'où son nom (« sceau » se dit *bulla* en latin).

Calembour : jeu de mots, fondé sur la différence de sens entre des termes qui se prononcent de la même façon. Exemple célèbre : « C'est en sciant que Léonard devint scie ! » (Léonard de Vinci).

Condottieri : puissants chefs d'armée et mercenaires italiens, souvent d'origine noble, se mettant au service d'un État ou d'un seigneur, contre rémunération.

Curviligne : la perspective curviligne utilise des lignes courbes pour figurer un espace arrondi. C'est la vision grand angle des objectifs photographiques modernes. Léonard avait, encore une fois, anticipé !

Encaustique : mélange à base de cire d'abeille utilisé en peinture durant l'Antiquité, puis oublié. Léonard tenta, sans succès, de faire renaître cette technique pour réaliser sa fresque de la bataille d'Anghiari.

Matines : premier office (messe) du matin dans un monastère, au lever du jour.

Monna Lisa : en italien, c'est l'abréviation de *Madonna Lisa*, « Ma dame Lisa ». C'est ainsi que le tableau *La Joconde* est appelé en Italie. En français, on écrit Mona Lisa, avec un seul *n*, mais c'est une faute !

Plagiat : action de voler une œuvre d'art, en la recopiant et en s'en faisant passer pour l'auteur. Pour l'anecdote, Michel-Ange se servit plusieurs fois du cheval cabré de Léonard dans ses œuvres, on peut donc dire qu'il l'a plagié !

Prieur : moine d'un monastère ayant été élu pour diriger et administrer la communauté.

Retable : panneau à un, deux ou trois volets, orné de décors sculptés et/ou peints, posé à l'arrière de l'autel (la table où officie le prêtre) dans un édifice religieux. La commande d'un retable était importante pour un peintre ou un sculpteur autrefois, et nombreux sont de véritables chefs-d'œuvre.

Sfumato : des analyses modernes aux rayons X ont montré que la technique de Léonard consistait à superposer des dizaines de couches de peinture. Celles-ci sont si fines qu'elles semblent transparentes, mais créent l'impression de flou et de profondeur recherchée.

Trecento : c'est le nom donné au XIVe siècle italien (entre 1300 et 1399). Le XVe siècle est désigné, lui, par le terme *Quattrocento* et le XVIe par *Cinquecento*.